눈에 선하게

세상을 글로 그려내는 사람들,
화면해설작가

눈에 선하게

권성아
김은주
이진희
임현아
홍미정

SIDEWAYS

차 례

2부 세상을 들려준다는 것의 의미

3부 당신과 그 모든 걸 나누고 싶어서

4부 화면해설이란 일이 그토록 매혹적인 이유

프롤로그

볼 수 없는 이들과 함께 본다는 것

고등학교 동창에게 메시지가 왔다.

"추석 잘 보냈어? 오늘도 밤새워?"

"어떻게 알았어? 응, 오늘도 밤새워."

"무슨 일을 하길래 그렇게 허구한 날 밤을 새워?"

"너한테 우리 일 한두 번 설명한 것도 아닌데 아직도 몰라?"

식당에 틀어놓은 TV의 화면 하단에 흘러가는 자막을 보더니, 친구가 아는 척을 한다.

"어! 네가 저런 거 쓰는 거지? 시각장애인을 위한 자막."

"(오마이갓) 야, 시각장애인분들이 자막을 어떻게 보냐? 내가 하는 일은 화면해설이라구."

최근엔 화면해설에 대해 아는 사람들이 제법 많아졌지만 2-3년 전까지만 해도 이런 상황이 종종 발생하곤 했다. 주변 사람들이 우리 일에 대해 얼마나 모르는지, 어떻게 오해하고 있는

지에 대한 에피소드를 화면해설작가들끼리 주고받다 보면 '이런 이야기를 글로 쓰면 책 한 권은 너끈히 나오겠다' 싶었다.

지난해 1월, 정말로 써야겠다고 생각했고 동기들에게 함께 쓰자고 제안했다. 2021년은 한국시각장애인연합회 미디어접근센터에서 교육을 받은 3기생이 화면해설작가로 입문한 지 10년이 되는 해였다. 그때까지, 그리고 지금까지도, 화면해설에 대한 학술 서적과 실용서가 몇 권 출간되었을 뿐 실제로 이 일을 하고 있는 이가 자신의 직접적인 경험에 관해 쓴 책은 한 권도 없었다. 그렇다면 우리의 10년을 기념하는 뜻에서, 아직 아무도 공개한 적 없는 '화면해설작가의 내밀한 세계'에 관한 책을 쓴다면 의미 있는 작업이 될 것 같았다.

지난 2021년은 우리나라의 지상파 방송에서 시각장애인을 위한 화면해설 서비스를 최초로 제공(2001년 4월 MBC 〈전원일기〉)한 지 꼭 20년이 되는 해이기도 했다. 그런데 아직도 화면해설은 많은 이들에게 미지의 세계다. 도대체 화면해설이란 무엇인가.

'화면해설'이란 '시력이 약하거나 전혀 볼 수 없는 시각장애인을 위하여, TV나 스크린에서 일어나고 있는 상황을 해설자가 음성으로 설명해 주는 서비스'를 말하며, 영어로는 'Descriptive Video Service'(DVS)라고 한다. 즉, 영상 속 장면의 전환이나 등장인물의 표정, 몸짓 그리고 대사 없이 처리되는 모든 화면을 말로 설명하는 것이 '화면해설'이다. 그리고 시각장애인의 눈이 되어 화면을 해설하는 원고를 쓰는 게 직업인 사람이 '화면해설작가'다. 우리의 글은 성우들의 목소리에 실려 시각장애인들에게 전달된다.

의미 있는 일인 건 틀림없지만 업무 환경은 녹록하지 않다. 지나치게 빠듯한 우리나라의 방송 제작 현실은, 우리가 하는 화면해설 작업에 관해서도 예외가 아니다. 아니, 사실은 비장애인 대상의 일반 방송에 비하여 훨씬 더 쫓기는 편이다. 최근엔 많이 나아졌지만 오늘 오후에 본방송 영상을 받아 내일 오전에 화면해설 방송을 제작, 다음 날 화면해설이 있는 재방송으로 송출해야 하는 경우도 있다. 그러면 화면해설작가는 어쩔 수 없이 밤을 지새울 수밖에 없다. 이게 우리가 허구한 날 밤을 새우는 이유다.

화면해설 방송이 자막인지 뭔지는 몰라도 장애인을 위한 것이니 좋은 일이겠거니, 생각하는 사람들이 많다. 화면해설작가를 좋은 사람으로 생각해 주는 것은 고마운 일이지만, 우리는 나이팅게일이 아니다. 시각장애인을 위해 하는 일인 것은 맞지만 우리 또한 결국 직업인이고, 생활인이다.

• • •

시각장애인이 볼 수 없는 화면을 글로 그려낸다는 직업에 충실하기 위해 우리는 영상을 보고 또 보고, 정확한 표현을 찾고 또 찾고, 조사 하나를 썼다 지웠다 반복하는 노력을 10여 년 이상 해왔다. 그러는 사이 시각장애인에 대한 전문 지식을 갖게 되었고, 비슷하면서도 다른 단어들의 말맛에 예민해졌으며, 글로 읽을 때와 귀로 들을 때의 차이점에 대해 알게 되었다.

독자분들도 이 책에서 거듭 읽어나가게 되겠지만, A 작가는 화면에서 들리는 모든 소리에 초초초 예민한 비공식 소리 전문가가 되었고, B 작가는 에로틱으로 가는 선을 넘지 않으면서도 핑크빛 분위기를 잘 살리는 로맨틱 표현의 대가가 되었다. C 작가는 영상을 아무리 봐도, 아무리 들어도 모르겠을 땐 그 장소에 직접 가보거나 그 장면을 직접 경험해 보는 행동파가 되었으며, D 작가는 화면 구석에 보이는 손톱만 한 단서만으로 '그것'이 무엇인지 찾아내는 검색의 달인이 되었다. E 작가는 이렇게 써도 되나 고민이 될 때마다 시각장애인에게 물어보다 보니 인터뷰의 고수가 되었다.

그리고 우리는 이러한 모든 것보다 중요한 것, '볼 수 없는 이들과 함께 본다는 것'의 의미에 대해 눈뜨게 되었다.

이렇게 말하면, "그분들이 무언가를 시청하다가 궁금한 게 생겼을 때 옆 사람에게 물어보면 되지 않느냐?"라는 질문을 하는 이들이 꼭 있다. 그럼 시각장애인은 옆에 사람이 있을 때만 TV를 봐야 한다는 말일까? 화면해설이 있으면 시각장애인도 독립적인 TV 시청과 영화 감상이 가능하다. 그분들도 비시각장애인과 같은 것을 보며 함께 즐길 수 있다.

화면을 직접 볼 수 없더라도, 드라마 〈갯마을 차차차〉의 갯마을이 어떻게 생겼는지를 상상할 수 있다. 〈악의 마음을 읽는 자들〉에서 범인이 얼마나 소름 끼치는 미소를 짓는지 알 수 있으며, 영화 〈벌새〉의 마지막 신에서 은희가 어떤 표정을 지었는지를 짐작할 수 있다. 정보 프로그램 출연자가 무엇인가에 관하여 "그걸 이렇게 하면…."이라고 지시어로 설명할 때 '그걸'이 무엇인지, '이렇게'가 어떻게 하는 것인지를 금세 파악할 수 있다. 또 연령대뿐만 아니라 사투리까지 비슷한 두 사람이 얘기할 때 지금 말하는 사람이 누구인지를 구분할 수 있다.

시각장애인이라고 해서 꼭 화면해설 방송을 봐야 하는 것은 아니다. 실명한 지 얼마 안 된 중도 시각장애인의 경우엔 화면해설 방송의 존재를 모르는 분도 있다. 아쉽게도 우리의 일은 볼 수 없는 이들을 위한 '만능열쇠' 같은 것은 아니다. 그렇지만 전문적으로 화면해설 원고를 쓰는 '화면해설작가'가 있다는 걸 모르고, "그냥 적당히 쓰면 되는 거 아니야?"라고 말하는 분들이 있어서 가끔은 서운하다. 그래도 수없이 밤샘을 하는 바람에 어깨가 돌처럼 굳은 우리 작가들을 어깨춤 추게 만드는 분들 역시 시각장애인이다.

"화면해설이 없는 방송도 본 적이 있는데 화면해설을 듣고 나서 이렇게 재미있는 프로그램인지 새삼 알았습니다. 다음 회차를 기대하게 만드는 해설이네요."

시각장애인의 이런 격려에 힘을 얻어 지금 이 장면에서 제일 중요한 정보가 어떤 것인지를 또다시 고민한다. 그것을 해설하는 데 가장 적확한 표현은 무엇인지 찾고, 쓰고, 고치고, 또 쓰는 지난한 작업으로 다시금 들어선다.

• • •

이 책 『눈에 선하게: 세상을 글로 그려내는 사람들, 화면해설작가』는 총 4부로 구성했다. 1부 「우리는 무슨 일을 하는가」

에서는 제각각 다른 분야에서 일을 하던 사람들이 어떻게 해서 시각장애인을 위한 화면해설에 관심을 갖게 됐고 직업으로 삼게 됐는지, 그리고 우리가 어떤 식으로 일을 하고 있는지에 대해 적어 놓았다. 그저 '눈에 보이는 대로' 쓰면 된다고 할 수도 있지만, 작가 개인의 주관적인 감상을 배제하는 동시에 작품 속 등장인물과 상황의 여러 맥락을 파악하면서 '눈에 보이는 대로 쓴다는 것'은 얼마나 어려운 일인지를 다채로운 예를 통하여 소개했다.

2부 「세상을 들려준다는 것의 의미」에선 '보이는 것을 들리는 것으로' 바꾸는 화면해설 원고 작업의 좀 더 상세한 이야기를 풀어보았다. 원래 '멜로 체질'이 아니건만 멜로드라마를 맡았을 땐 일부러 로맨스 소설까지 찾아 읽으며 메소드(method) 해설을 쓰는가 하면, 적재적소에 어울리는 해설을 쓰기 위해 적절한 수식어와 절묘한 표현들을 수집하기도 하고, 화면해설이란 글이 아니라 말로 전달되는 것이기에 오탈자는 없는지, 소리 내어 읽었을 때 어색한 발음은 없는지 꼼꼼히 퇴고한다(예를 들어 우리는 '비니'라는 단어를 잘 쓰지 않는다. "현우가 비니를 쓰고 있다."라고 쓰면 "현우가 비닐을 쓰고 있다."로 들리기 때문이다. '털모자', '니트모자', '머리에 딱 붙는 모자' 등 상황에 맞게 고쳐 쓴다). 우리의 고민이 압축된 이 글들을 읽다 보면, 우리가 보고 느끼는 것을 그들에게 전하고자 어떤 노력을 기울이는지 이해할 수 있을 것이다.

3부 「당신과 그 모든 걸 나누고 싶어서」에선 우리가 작업했던 대표적인 작품과 소재들에 관한 이야기를 적었다. 영화 〈신과 함께〉는 1편 '죄와 벌'뿐 아니라 2편 '인과 연'까지 천만 관객을 불러 모은 흥행작이다. 하지만 화면해설작가가 영화를 봤을 때의 첫 느낌은 '재미있다', '감동적이다'가 아니라 '눈앞이 캄캄했다'였다. 영화 〈미나리〉는 국내외 각종 시상식과 영화제에서 100여 개가 넘는 트로피를 받았다지만 화면해설작가에게는 달랑 대사 원고만 제공됐다. 시각장애인에게도 오스카의 감동을 전하기 위해 작가는 머나먼(그리고 괴로운) 여정을 떠날 수밖에 없었다. 이 외에도 화제의 드라마 〈나의 해방일지〉부터 예능 프로그램에 무수히 나오는 자막과 CG, 그리고 문화재인 덕수궁 석조전의 해설에 이르기까지…. 여러 에피소드를 통해 각 장르와 대상에 따라 각각의 화면해설 문법이 있고, 또 우리가 챙겨야 할 무수한 세부 사항이 있다는 점을 밝혀 놓았다.

마지막 4부 「화면해설이란 일이 그토록 매혹적인 이유」에서는 좋아서 선택한 일이지만 100% 만족할 수만은 없는, 그렇지만 결국은 '다시금 해나가게 되는' 화면해설작가의 현실을 돌아보았다. 적성에 맞는 줄 알고 시작했는데 그게 아니라는 생각이 들 때, 빠듯한 집필 여건에 고단함이 몰려올 때, 화면해설의 수요자인 시각장애인의 반응이 좋지 않아 회의감이 들 때, 그렇지만 우리의 일이 누군가의 궁금함을 해소해 주고 막힌 곳을 뚫어준다는 것을 실감할 때, 또 우리 사회가 당연히 챙겨야 할 것들을 우리가 앞장서서 하고 있다는 보람이 느껴질 때…. 이런 다양한 상황들에 대한 솔직하고 반성적인 소회를 털어놓았다.

우리는 이 원고를 마무리하며 두 가지 감정에 휩싸인다. 화면해설식으로 표현하자면, "작가들의 표정에 부끄러움과 고마움이 뒤섞여 있다."라고 할 수 있을까?

아직도 새로운 작품을 만나는 게 두렵고, 쓸 때마다 어렵고, 나의 글이 저 화면을 제대로 설명했는지 확신을 갖지 못할 때가 많은데 감히 책을 낸다는 게 부끄럽다. 그 마음과는 별개로 지난 10년의 여정에 음으로 양으로 도움을 준 많은 분에게 고마움의 인사를 전한다.

• • •

언젠가 시각장애인 한 분과 저녁 식사 약속을 했는데 시간이 되어도 오시지 않기에 전화를 했다.

"선생님, 왜 안 오세요? 지금 어디세요?"
"응, 내가 길을 잘못 들었나 봐. 바닥에 점자 유도블록이 없네."
"주변에 뭐가 보이세요?"
"아무것도 안 보이지!!!"

0.5초 동안 아무 말 없다가 둘 다 웃음을 터뜨렸다.

이미 날이 어두워지고 있었기에 조급해지던 마음을 진정시키고, 영상통화를 시작했다. 스마트폰 액정화면 너머엔 그분이 서 계신 곳이 어디인지 알 수 있는 도로와 건물들이 보였다. 나는 '내 눈에 보이는 대로' 주변 상가와 갈림길을 설명했다. 내 말이 '그분의 눈에 선하게끔' 그려질 수 있도록 말이다. 우리는 잠시 후 만날 수 있었다.

본다는 것은 우리 마음속에 풍경을 그리는 일과 같을 것이다. 볼 수 없는 이들과 이 세상 모든 것을 함께 '보기' 위하여, 저 영화를 직접 볼 수 없어도 우리들의 원고를 통해 영화 속 장면들이 그분들의 마음속에 그려질 수 있도록 노력하겠다고 다시 한 번 다짐한다. 이 책을 통해 화면해설 방송이, 그리고 화면해설 작가의 고되지만 의미 있는 작업이 널리 알려졌으면 하는 바람을 가져본다. 더불어 화면해설 방송이 더욱 많이 제작되어 지금보다 더 많은 시각장애인분들의 귀에 가닿기를 바랄 뿐이다.

2022. 9. 15.

다섯 명의 작가를 대표하여

홍미정

1부

우리는 무슨 일을 하는가

1장

여전히, 나는 '들려주는 사람'입니다

이진희

"그렇게 혜린이는 한빈이에게 헤어지자고 말한 뒤에 사람들로 북적이는 한낮의 거리를 혼자 터덜터덜 걸어가. 땅바닥만 보며 힘없이 걸어가다가 아예 그 자리에 주저앉아 버리는데, 눈물 한 방울 안 흘리거든. 근데 눈빛이 너무 공허해서, 내가 오히려 왈칵 눈물이 쏟아지는 거야."

고3인 주제에 난 전날 야자를 땡땡이치고 드라마를 보고 와선 쉬는 시간 아이들에게 신나게 얘기를 해주고 있었다. 당시 한참 인기 있던 드라마 〈느낌〉 이야기로 "보고 꼭 얘기해 줘."라는 반 친구의 말에 성실히 약속을 이행하던 참이었다.

"그래서, 그래서 어떻게 됐는데?"

아이들은 드디어 유리의 친오빠가 밝혀진 건지 궁금해 미칠 지경이었겠지만 난 장면 설명을 놓치고 싶지 않았다. 드라마

〈모래시계〉에 대해 친구들과 이야기할 때는 내가 가장 좋아하는 장면을 이렇게 설명하곤 했다.

"태수 엄마 마지막 신scene! 태수 엄마가 곱게 한복을 차려입고 남편의 묘를 갔다 오는 길에 취중에 길에서 머플러를 놓치거든. 그걸 주우려고 철길에 내려서는데, 이때 열차가 달려와. 뭔가 운명을 받아들이는 것처럼 눈빛이 막 쓸쓸해지는 순간, 곧 열차 바람에 머플러가 허공을 날아가는데, 아, 진짜 그 장면은…."

이야기하기를 좋아해서이기도 했겠지만, 이런 식으로 디테일한 설명을 붙이는 건 다른 이유가 아니었다. 내가 받은 느낌과 감동을 듣는 이들에게도 최대한 생생하게 전달해 주고 싶은 마음 때문이었다. 그러다 보니 연기자의 연기나 연출자의 의도가 담긴 장면에 대해 자꾸만 말하고 싶어 했다. 지금에 와서야 든 생각인데, 화면해설작가는 어쩌면 내게 운명 같은 일은 아니었을까?

• • •

방송작가 시절, TV에서 라디오로 자리를 옮겼을 때 나는 미련이 없었다. 구성을 하는 것도 좋았지만, 그보단 누군가 집중해서 들어줄 원고를 쓰고 싶었다. 화면해설을 만났을 때도 그랬다. 이 일을 시작하기 위해 고민 같은 건 없었다. 방송작가 10년 차를 넘기고 매일매일 쓰는 라디오 원고가 바람과 함께 흩어지는구나 싶어 허탈하던 순간, 내게 글쓰기의 보람을 안겨줄 새로운 세계처럼 다가왔으니까.

방송작가 11년 차. 여전히 원고를 쓸 때 라디오에 귀 기울이고 있을 청취자를 떠올리며 고민합니다. 이야기가 잘 전달될까, 그리고 어떻게 전달될까, 쉽게 이해될까를 생각하며 글 작업을 하는 게 라디오 작가의 첫째 의무라고 생각합니다.

누군가에게 이야기를 들려주는 건 이제 익숙합니다. 하지만, 오랜 작가 생활 끝에 조금은 소모적인 라디오 글쓰기에 지치게 되는 상황이 왔고, 새롭고 의미 있는 일이 필요하다는 판단을 했습니다. (중략)

라디오에선 DJ들의 멘트를 써왔고, 드라마 습작 경험으로 대사와 지문에는 익숙하지만, 그보다 더 간결하면서도 사실적인 표현이 필요한 화면해설 작업이 낯설고 힘들 거라는 건 각오하고 있습니다.

무려 11년 전, 한국시각장애인연합회에서 공개모집을 한 화면해설작가 3기에 지원하며 썼던 자기소개서의 일부다. 말은 이렇게 했지만, 솔직히 말하면 난 각오가 덜 되어 있던, 준비조차 되어 있지 않은 어설픈 지원자였다. 글로 밥벌이를 한 지 10년이 넘었는데, 교육 초반 나는 화면해설 안에서 길을 잃고 우왕좌왕했다.

'그거나 저거나 똑같은 글쓰기 아니야?'라고 생각하는 분이 있다면 지금 당장 '눈앞에 펼쳐지고 있는 상황을 해설해 보라'고 권하고 싶다. '저걸 뭐라고 부르지?'라거나 '저걸 어떻게 표현하지?'라는 고민이 잠시라도 들었다면, 우리 일에 대한 이해도가 조금 생겼다고 할 수 있다.

그러나 이게 우리 고민의 전부는 아니다. '원 영상 안의 소리(대사, 내레이션, 그 외에 꼭 필요한 배경음이나 효과음까지 포함)를 침범하지 않는다'는 화면해설의 원칙을 대입하다 보면 대체로 활용할 수 있는 공간은 너무나 비좁고, 때에 따라선 비집고 들어갈 틈을 노리느라 안간힘을 써야 한다. '무엇을 살리고 무엇을 포기할 것인가, 무엇을 중심에 둘 것인가, 그러면서도 가장 효과적이고 직관적인 표현을 하려면 문장 구성을 어떻게 할 것인가'까지를 고려해야 하는 게 화면해설 글쓰기다.

물론 나도 그 기본 안에서 고민했다. 하지만 전체를 볼 줄 모르고 늘 작은 것들과 싸웠다. 당연히 좋은 평가를 받을 수 없었다. 나는 내가 헤매는지도 모른 채 스스로 정한 틀을 부수지 못하고 이상한 오만에 젖어 있었다. 약 6개월 정도 교육을 받고 다시 보수교육에 들어갔다. 교육이 길어지면서 그제야 난 내 문제점이 무엇이었는지 깨닫기 시작했고, '화면해설이란 무엇인가'에 대해 조금씩 스스로 정립해 나갈 수 있었다.

교육이 끝난 뒤 최종 평가서를 받아볼 수 있었는데, 이런 문장이 눈에 들어왔다. "초반에 눈여겨보질 않았는데 노력과 성실로 단시간에 글쓰기를 극복한 스타일로 보인다." 뜨끔했다. 초반에 안일했던 마음, 근거 없던 자신감을 들킨 기분이었고, 그런 방황의 시간을 지나 조금씩 화면해설에 대한 이해도가 생긴 것을 인정받은 기분이었다. 화면을 읽어내는 화면해설의 고수분들다운 스승들의 평가인지라 지금 봐도 그 통찰력에 감탄하게 된다. 그저 겸허해질 수밖에.

• • •

모든 방송 원고가 시청자와 청취자를 위해 쓰이지만, 그중에서도 화면해설 원고만큼 또렷한 대상을 위한 글쓰기는 별로 없을 것 같다. 그러다 보니 화면해설작가는 화면을 읽는 것에만 급급해서도, 글쓰기를 뽐내기만 해서도 안 된다. 친절이 과도한 개입은 아닌지 고민해야 하며, 불친절이나 무성의해 보이는 해설로 화면해설 자체를 무용지물로 만드는 건 아닌지도 끝없이 돌아봐야 한다. 나는 그 사이에서 아슬아슬한 줄타기를 하는 것 같은 기분에 작업 중엔 늘 긴장 상태다.

작가들끼리 서로 작품을 모니터링해 주며 '걸리는 게 없었다'는 표현을 종종 한다. 전맹인 시각장애인 같은 경우 소리로만 모든 정보를 듣기 때문에 간혹 이해되지 않는 문장, 익숙하지 않은 단어 등이 나오면 거기에서 브레이크가 걸려 작품 감상에 방해가 된다. 그렇기 때문에 물 흐르듯이 자연스럽게, 작품에 녹아든 것같이 해설하는 것은 언제나 우리의 목표다.

그리고 더 분명한 목표가 있다. 과거, 첫 드라마 〈오작교 형제들〉을 공동작업으로 진행했을 때, 시각장애인 모니터 요원에게서 이런 모니터링을 받은 적이 있다.

"상황해설이 아주 좋습니다. '안 봐도 비디오'입니다."

그렇다, '안 봐도 비디오'!

학창 시절, 내 앞에서 눈을 빛내며 얘기를 기다리던 친구들에게도, 라디오 작가 시절 다큐멘터리에서 풍경을 소개해줄 때도 내가 본 것을 그대로 생생하게 전해주기 위해 애를 썼다. 그 일의 정점이 '화면해설'이란 생각을 한다. 고등학교 때, 단짝이었던 친구는 종종 안경을 두고 다녔다. 늘 그 친구와 붙어 다녔던 나는 친구가 궁금해하는 간판을 읽어주거나, 버스 번호를 보고 어깨를 두드려주곤 했다.

나의 글은 또 다른 말이다. 내 목소리로 시각장애인에게 말을 걸고 있진 않지만, 나는 그들에게 직접 이야기를 들려준다는 생각으로 일을 한다. 친구 옆에서 필요한 간판과 버스 번호를 알려준 것처럼 시각장애인 바로 옆에서 무엇이 보이는지, 영상에서 지칭하는 '이것'은 무엇인지를 꼼꼼하게 알려주고 싶다는 생각으로 일을 한다. 우리는 만난 적은 없지만, 늘 가까이 있다. 그들 곁에 나는 그렇게 여전히 들려주는 사람으로 남아 있다.

2장

가족이 들려주는 것처럼 세상을 전하진 못하더라도

홍미정

어느 해 가을, 부산국제영화제에 갔다가 시각장애인 한 분을 만나게 되었다. 방송을 통해 알게 된 분인데 부산에 살고 계셔서 전화 통화만 하며 지내다가 부산에 간 김에 약속을 잡았던 것이다. 저녁식사를 함께 하며 이런저런 이야기를 나누다가 화제가 화면해설로 넘어갔다.

"화면해설 드라마 좀 보세요?"

"안 봅니다."

잔뜩 기대를 하고 질문했는데 의외의 답변이었다.

"왜요?"

"설명을 너무 많이 해서 성가셔요. 우리가 화면을 직접 볼 수는 없어도 주인공들이 하는 얘기를 들으면 대강 어떤 상황인지 알거든요. 근데 뭐 문을 연다, 닫는다, 일어난다, 앉는다…. 전화벨 소리 울리는 거 들으면 전화 온 거 뻔히 아는데 누가 전화를 받는다, 끊는다, 설명이 너무 많아요. 예전엔 이렇게 해설이 많지 않았는데 화면해설작가님들이 담합을 하셨나, 갈수록 해설이 많아져요."

"그래도 해설이 자세하면 이해하기 좋지 않아요?"

"저는 그냥 해설 없이 보고, 모르는 것만 식구한테 물어봅니다."

충격이었다. 시각장애인의 이해를 도우려고 푸른빛이 도는 옥색인지, 노란색이 섞인 에메랄드 빛인지, 파란 물감을 섞은 것 같은 청록색인지 가능한 한 자세하게 해설을 쓰는데, 고심하며 문장을 다듬는 작가들의 노력이 정작 시각장애인에게는 성가시게 느껴진다니….

내가 당황했다는 걸 그분도 느꼈는지 뒤늦게 변명 아닌 변명을 하기 시작했다.

"화면해설을 들으면서 머릿속으로 상황을 그려보는데 해설이 너무 많으면 따라가기도 바쁘고, 귀도 피곤합니다. 해설이 너무 많으면 그림을 그리기 어려울 때도 있구요. 그냥 '슬픈 눈으로 바라본다'라고만 하면 정말 마음이 아프겠구나 하고 나도 주인공한테 공감하면서 감정을 따라갈 수 있는데 '눈물이 그렁그렁해진 눈으로 입술을 바들바들 떨며 바라본다', 뭐 이런 식으로 길게 해설한 다음에 곧바로 대사가 나오거나 다음 장면으로 넘어가면 해설 쫓아가기 바빠서 내 감정을 가질 시간이 없어요. 그렇게 해설을 많이 쓰려면 작가도 힘들고, 그걸 읽는 성우도 힘들 텐데 적당히 쓰셔도 됩니다."

그분이 전국에 있는 25만 명의 등록 시각장애인을 대표하는 건 아니니 한 개인의 의견이라고 치부할 수도 있었지만, 부산에서 돌아온 뒤에도 '적당히 쓰셔도 됩니다'라는 말이 오래도록 마음에 남았다.

• • •

화면해설이란 시각으로 제시되는 정보에 가장 취약한 전맹 시각장애인을 기준으로 한다. 한 장면에는 시간과 공간이라는 정보 외에 등장인물도 있고, 등장인물이 처한 상황도 있다. 또 그 등장인물이 움직이기도 한다. 화면해설작가는 대사와 대사 사이, 혹은 내레이션과 내레이션 사이에 비는 10여 초의 짧은 시간에 이 많은 정보 중 가장 필요한 정보를 취사선택해서 해설을 써야 한다.

별로 중요하지 않은 장면이라면 시간적 배경이나 공간적 배경을 생략할 수도 있고, 주변 인물의 움직임을 생략할 수도 있다. 하지만 이 장면이 그 프로그램에서 결정적인 장면이라면 최대한 많은 정보를 해설로 전달해야 시각장애인도 비시각장애인과 마찬가지로 내용을 이해하고 같은 감정을 느낄 수 있을 것이다.

그렇기 때문에 단 5분의 상황을 해설하기 위해 한 시간 넘게 끙끙거릴 때도 적지 않다. 짧은 형용사 하나가, 아니 조사 하나가 그 문장의 의미를 완전히 바꿔 놓는 경우도 많고 부사 하나를 넣느냐 빼느냐에 따라 그 장면을 좀 더 적확하게 설명할 수 있기 때문이다. 그렇게 고심하면서 최대한 자세히 많은 정보를 전달하려고 애써 왔는데 너무 많은 정보는 귀를 피곤하게 만들 수도 있다는 말을 듣고 나니 허탈할 수밖에 없었다.

마음을 비우고 최근 작업한 화면해설 작품들을 다시 한번 들어보았다. 객관적으로 들어보니 개인적으로 좋아하는 프로그램의 화면해설을 쓸 때는 의욕이 앞서는 바람에 다른 프로그램에 비해 화면해설 양이 많았다. 인정하기 싫지만 너무 많은 해설이 귀를 피곤하게 만든다는 그분 말씀은 일정 부분 사실이었다. 그 뒤로는 앞뒤 상황으로 미루어 짐작할 법한 장면이라면 군더더기가 될 수 있는 화면해설을 쓰는 대신 새소리, 바람 소리, 물소리 같은 자연의 소리라든지 상황의 분위기를 알려주는 현장음을 살리는 쪽을 선택하게 되었다.

그러던 어느 날, 한 시각장애인과 커피 한잔 마시며 이야기를 나눌 일이 있었다. 시각장애인을 만나면 습관처럼 건네는 질문을 그분에게도 여쭤보았다.

"화면해설 방송 좀 보세요?"

"아, 좋아합니다. 제가 좋아하는 여행 프로그램이 있는데 새벽에 방송하거든요. 그거 보려고 일찍 일어날 정도예요."

"어머 그러세요? 그 프로그램 화면해설은 어떤가요?"

"좋긴 좋은데요, 어떨 때는 해설을 자세히 해주고, 어떨 때는 짧게 하더라구요? 예를 들어 노을이 진다고 할 때 이제 막 하늘에 붉은빛이 돌기 시작하는 노을도 있지만 해가 거의 넘어가서 하늘이 검붉은 색에 가까운 노을도 있잖아요? 그런 부분까지 자세히 써 주시면 참 좋은데 어떤 작가님은 그냥 '하늘이 노을에 물든다' 이렇게만 쓰고 배경음악을 듣게 놔두는 경우가 있더라구요. 그럴 땐 좀 아쉽기도 하고 서운해요."

'어이쿠! 그게 전데요….'

선천적 시각장애인은 그 사물의 모양도 색깔도 본 적이 없기 때문에 아무리 자세히 해설을 해도 이해하기 어려운 경우가 있다. 이런 경우엔 필요한 내용만 해설하는 게 나을 수 있다. 하지만 중도에 실명했기 때문에 사물을 본 기억이 있는 시각장애인은 좀 더 자세한 해설을 원하기도 한다. 결국 이 문제의 답은 '시바시(시각장애인 by 시각장애인)'이고, '프바프(프로그램 by 프로그램)'이다. 선천적인 전맹 시각장애인을 기준으로 화면해설을 쓰되 해당 프로그램의 상황에 맞춰서 최대한 융통성을 발휘해야 한다. 그러는 동시에 너무 넘치는 해설은 귀가 피곤하지만 너무 간단한 해설은 서운함을 불러온다는 사실도 잊지 말아야 한다.

• • •

최대한 친절하고 자세히 쓰자니 시각장애인이 감상할 시간을 뺏는 게 아닌가 싶고, 간략하게 쓰자니 불성실하게 느껴질까 염려되고…. 도대체 어느 장단에 맞춰야 하나, 마감 시간은 다가오는데 급피곤이 몰려온다.

잠시 자리에서 일어나 기지개도 켜고, 허리도 돌려주고 목도 좌우로 한 번씩 꺾어준다. 주방에서 시원한 물을 한 컵 받아 들고 창문 앞에 서서, 희뿌옇게 밝아오는 새벽 풍경을 감상한다. 그러면서 생각을 가다듬어 본다. 자세한 해설을 쓰는 것도 어렵지만 너무 과하지 않으면서 부족하지도 않은 해설을 쓴다는 것은 더 어려운 일이다. 그러나 그렇게 적절한 선을 맞춰 해설했을 때, 보다 많은 시각장애인이 만족하며 영상을 감상할 수 있다면 그것으로 우리의 노력은 보상을 받는 것이 아닐까.

몇 시간째 같은 자세로 키보드를 두드리던 어깨, 팔, 손목을 부드럽게 해주고 컴퓨터 앞으로 돌아오니 지금 저 장면을 해설하기에 적절한 표현이 떠오른다. 무조건 꼼짝 않고 앉아서 쓰기만 하는 게 좋은 건 아니다. 몸을 유연하게 해줘야 머릿속도 유연해지는 법이다.

3장

그 소리들의 아름다움

임현아

세상에는 수많은 영상 콘텐츠가 있다. 영화, 드라마, 예능, 다큐멘터리, 애니메이션, CF 같은 일반적인 방송 영상뿐만 아니라 개인이 제작한 영상들도 SNS에 넘쳐난다. 무엇이 되었든 기본적으로 영상 콘텐츠에는 다양한 소리들이 담겨 있다.

내레이션, 인물들의 대사, 차 경적 소리라든지 벨 소리 같은 현장음, 제작진이 임의로 추가한 "띠링!" "띠리링!" 하는 효과음, 배경에 깔리는 음악…. 여러 소리들이 적절히 어우러져 영상 한 편이 만들어진다. 좋은 영상 콘텐츠는 모든 것을 소리로, 혹은 모든 것을 영상으로만 담는 것이 아니라 콘텐츠를 구성하는 시각적인 요소와 청각적인 요소가 적절하게 조화를 이루면서 안배된 것을 말할 것이다.

꼭 완벽하지는 않더라도 영상 콘텐츠를 만드는 사람이라면 소리와 영상, 자막 등 화면의 여러 요소들을 기능적으로 나눠서 배치하는 것을 염두에 둘 것이다. 예를 들어 영상 속 중요 정보를 자막으로만 제공하는 경우도 있고, 소리로 설명하더라도 영상이 보인다는 것을 전제로 일부만 설명하기도 한다.

그러니 다양한 정보 제공 방식 중 소리만 접하는 시각장애인들에게는 아무리 완벽한 영상이라 해도 반쪽짜리, 혹은 불친절한 영상이 될 수밖에 없다. 그리고 화면해설작가는 그런 '불친절한 영상'들을 시각장애인이 알기 쉽게 이해할 수 있도록 설명을 더하는 역할을 하는 사람들이다.

소리만 듣고서는 그 의미를 정확히 파악하기 힘들 때가 많다. 아무런 정보 없이 오직 청각 정보만 주어졌다고 생각해 보자. '무슨 소리인지' 추측을 할 수는 있겠지만 그 추측이 빗나가게 되는 경우가 허다하다. 예를 들어 눈을 감고 들었을 때 빗소리와 전을 부칠 때 나는 기름 끓는 소리를 쉽게 구분할 수 있을까? 고소한 기름 냄새나 비가 내릴 때의 축축한 느낌과 같은 단서조차 없다면 두 소리의 차이를 구분하긴 더 힘들 수도 있다.

또 다른 예를 든다면, '따르릉 따르릉' 울리는 전화벨 소리는 듣는 즉시 모두가 정체를 알 수 있을 것이다. 굳이 해설을 하지 않아도, 시각장애인도 '아, 전화 왔구나' 하고 상황을 알 수 있다는 말이다.

하지만 요즘은 휴대전화 벨 소리가 워낙 다양한 세상이라 최신가요 일부분을 벨 소리로 해놓는 경우도 있고, 독특한 소리가 나도록 설정해 두기도 한다. 만약 드라마 속 등장인물의 휴대폰이 울리는 장면인데, 가요가 흘러나온다면 시각장애인은 가수가 노래 부르는 장면이나 음악이 들리는 상황을 떠올리지 벨 소리라고는 상상하지 못할 수도 있다.

• • •

소리가 의미 없다는 뜻은 아니다. 나는 '의미를 정확히 파악하기 힘들었던' 원 영상 속 소리들이 화면해설을 만나서 더 정확한 의미를 가진 '아름다운 소리'로 거듭나게 된다고 생각한다.

그리고 화면해설작가가 하는 일은 '영상을 설명하는 일'이기도 하지만 동시에 '소리에 의미를 담는 일'이라고 생각한다. 세상 모든 소리에는 존재 이유가 있다. 화면해설작가는 그 이유를 찾아 시각장애인에게 들려주는 사람이다. 시각장애인이 해설을 듣고 장면의 의미를 정확히 파악해낼 수 있도록 말이다.

화면해설은 소리로 전달된다. 시각장애인에게 소리는 곧 정보다. 화면해설작가가 영상의 시각적인 정보를 조합해 대사와 대사 사이, 대사와 내레이션 사이에 해설 문장을 써넣으면 성우가 원고를 보고 읽는다.

그런데 문제가 있다. 작가들이 '화면해설로 소리를 덮는다'고 하는 경우다. 대사나 내레이션 등 원 대본의 정보량이 많거나 시간이 넉넉하지 않아 해설을 넣을 공간이 충분치 않을 때 영상을 설명하기 위해 내레이션이나 현장음을 일부 덮을 때를 가리킨다. 즉 '영상 속에 원래 들리는 소리의 음량을 줄이고 그 공간 위에 화면해설 원고를 읽는 성우의 목소리를 끼워 넣는다'는 뜻이다.

화면해설의 역할은 원칙적으로 원 영상의 소리를 보조하는 것이지만, 화면해설로 전달하는 내용이 원 영상에 담긴 소리보다 더 중요하고 가치가 있다고 판단될 때 '화면해설로 소리를 덮게' 되는 것이다. 그 순간만큼은 화면해설이 영상의 '메인'이 된다는 말이다.

만약 극장에서 영화를 보는데 어둠 속에서 '끼익, 끼익' 하는, 듣기 싫은 소음만 계속 이어지는 장면이 나왔다고 생각해 보자. 극장의 관객들은 '이게 무슨 소리야' 하면서 불쾌해할 수도 있다. 그런데 불이 켜진 방 안의 모습이 드러났을 때, 관객들이 '아….' 이렇게 탄식을 했다면, 소음과 탄식 사이에 '그 소음의 이유'가 영상으로 제시됐다고 볼 수밖에 없다.

알고 봤더니 '끼익, 끼익' 하는 소리가 장애인이 힘겹게 휠체어를 끌고 방의 문턱을 넘어가려고 애쓰는 소리였다면? 이때 '끼익, 끼익' 하는 소리는 불쾌한 소리가 아니라 한 장애인의 처절한 사투를 드러내는 소리일 수도 있는 것이다. 이 장면에 '끼익 끼익' 하는 소리의 음량을 좀 줄이고라도 '한 장애인이 휠체어에 앉아 손으로 바퀴를 굴리며 방 문턱을 넘어가려고 애를 쓰고 있다'는 해설 한 줄이 덧붙여진다면, 그 영화를 본 시각장애인은 '해당 장면의 의미'를 온전히 이해할 수 있을 것이다.

영상을 온전히 설명하기 위해 화면해설이 필요한 것은 사극도 마찬가지다. 특히나 여러 소리가 혼재된 장면의 경우, 화면해설이 더욱 필요할 수 있다.

예를 들어 인물들이 숲속에서 결투를 벌이고 있는 사극의 한 장면을 상상해 보자. 어떤 소리들이 들릴까. 바람을 가르며 칼을 휘두르는 소리, 인물들이 낙엽 위나 흙길을 뛰어가는 소리,

그러다 넘어져 비탈을 구르는 소리, 칼과 칼끼리 쨍하고 맞부딪치는 소리…. 활을 쏠 수도 있고, 싸우다 칼을 놓치거나 칼날이 부러지는 상황이 생겼다면 주먹질을 하며 육탄전을 벌이는 소리가 들릴 수도 있다. 돌을 던지거나 모래를 뿌릴지도 모른다. 두 인물이 대치하고 있는 상황이라면 긴장감을 높이기 위해 숲 속에 부는 바람에 나뭇잎이 '쏴아~' 하고 흔들리는 소리가 배경음으로 깔릴 수도 있다.

소리만으로도 여러 정보를 전달할 수 있겠지만 여러 현장음이 뒤섞여 있는 상황에서 화면해설 없이 현장음 소리만 듣고 있다면 인물이 어떤 상황에 처해 있는지 전혀 감을 잡을 수 없을 것이다. 누구와 누가 언제 어디서 어떻게 싸우는지부터 시작해서, 혼자 싸우는 건지 패싸움인지, 누가 이기고 있는지, 어떤 무기를 가지고 싸우는지, 칼로 찌르는지 베는지, 칼 떨어진 소리가 났다면 누가 떨어뜨린 건지, 칼 대신 몸싸움을 하는 것 같은데 주먹질을 하는지, 발로 차는지…. 상황을 이해하는 대신 그저 상상에 맡길 수밖에 없다. 그렇기 때문에 이런 장면이 나올 때는 현장음 음량을 줄이더라도 화면해설을 넣어서 전체 상황을 이해하기 쉽게 설명해야 한다.

• • •

이렇게 말하면 방송을 보는 내내 영상 전체가 화면해설로 꽉꽉 채워질 것 같지만 꼭 그렇지는 않다. 화면해설 원고를 쓰다 보면 영상 속 소리들을 침범하지 않고 최대한 들으려고 애쓰게 되는 경우도 있다.

전에 〈충남의 소리〉라는 다큐멘터리의 화면해설을 쓴 적이 있다. 시각장애인 하모니카 연주가 전제덕 씨와 사운드아티스트 정만영 씨가 함께 여러 곳을 다니며 이야기를 나누고 각자의 방식으로 세상과 소통하는 모습을 보여주는 작품이었다. 두 사람은 홍성군청 주변에 있는 문화재를 보러 가고, 새우젓을 보관하는 토굴에도 가보고, 바닷가에도 갔다.

전제덕 씨는 새로운 장소에 갈 때마다 하모니카를 연주했고, 정만영 씨는 '뱃고동 소리' 등 '각 장소에 있는 특유의 소리'들을 채집했다. 소리를 들려주는 것이 중요했기 때문에 영상에는 각종 효과음을 비롯해 전제덕 씨의 하모니카 연주 소리, 나뭇잎이 바람에 흔들리는 소리, 연못에 파문이 이는 소리, 잔디밭에서 나는 소리, 심지어 동굴에서 물방울이 똑똑 떨어지는 소리까지 여러 소리들이 다채롭게 담겼다.

나는 전제덕 씨가 토굴에서 하모니카 연주를 하는 장면에, 연주 소리 위로 "전제덕 씨가 토굴 속에 서서 이미자의 노래 〈동백 아가씨〉를 하모니카로 연주한다."라는 해설을 넣었다. 화면해설 삽입으로 인해 십여 초 정도 연주가 들리지 않게 되었지만, 시각장애인이 화면해설을 듣고 '누가 무슨 곡을 어디에서 연주하는지' 그 스토리를 알게 되어야 이어지는 '하모니카 연주 소리'를 더욱 '아름답고 풍성하게' 느낄 것이라고 생각했기 때문이다.

나는 화면해설 원고를 쓸 때, 매번 '숨은 소리 찾기'를 하고 있는 기분이 든다. 어떤 소리인지를 설명해야 하는데 놓치고 지나쳐버리지는 않는지, 혹은 해설을 꼭 넣어야 하는데 현장음이나 배경음악 등과 해설 소리가 겹쳐도 무방한 장면인지 등을 꼼꼼히 따지는 것이다.

원래 하나의 영상을 구성하는 다양한 소리들은 영상이 전달하려는 주제를 효과적으로 나타내기 위해 의도적으로 '선택'된 것이다. 어느 하나도 허투루 들어가 있는 소리가 없는데, 화면해설 문장이 들어갈 공간 확보를 위해 원 영상의 음량을 줄여야 하는 일이 생길 때면, '그래도 조금이라도 덜 중요한 소리'가 들리는지부터 확인한다. 아주 단순한 인물 소개 해설을 하게 되더라도 '어…. 이런…. 그래서' 등등 그다지 중요하지 않은 군말이 나오면 '아! 이 소리들을 덮고 인물 이름이랑 나이 해설해 주면 되겠다.' 하는 생각이 들어 반갑기까지 하다.

이처럼 화면해설작가는 영상에서 들리는 소리의 정체가 무엇인지, 그에 대한 해설을 해야 할지 말아야 할지, 시각장애인에게 소리의 의미가 온전히 전달된 게 맞는지, 소리를 해설로 덮어도 되는 장면인지 아닌지를 매 순간 판단하고, 선택해야 한다. 작가의 고민이 거듭될수록, 시각장애인은 더욱 완성도 있는 화면해설 방송을 들을 수 있다.

4장

노을과 눈보라를 당신에게 꼭 전하고 싶어서

김은주

요즘 지상파는 물론 OTT 등 드라마를 즐길 수 있는 채널이 많아져서 그런지 대본집에 대한 관심도 덩달아 높아지는 것 같다. 대본집 발간 소식을 심심찮게 볼 수 있는데, 내가 화면해설을 담당했던 드라마들 중에도 대본집이 발간된 경우가 꽤 많다. 특히 지난 1월 종영한 SBS 〈그 해 우리는〉이라는 드라마는 대본집이 두 권으로 나와 10만 부 넘게 팔렸다는 기사를 본 적이 있다.

대본집이 10만 부라니! 기사를 보면서 문득 이런 생각이 들었다. '사람들은 대본집을 보면서 무슨 생각을 할까?', '대본과 영상의 차이점을 찾아보는 걸까? 아니면 영상으로는 보이는 장면들이 글로는 어떻게 쓰여 있는지를 비교할까?', '만약에 드라마를 보기 전에 글로만 쓰여진 대본을 먼저 봤다면 그 느낌은 또 어떨까?'

드라마 화면해설 작업을 할 때는 대본을 먼저 확인하는 경우가 많다. 대본을 읽으면서 지문에 묘사되어 있는 장소, 배경, 인물들이 어떻게 표현될지를 나름 상상해 본다. 나의 상상력이 부족한 건지, 대본을 읽으면서 머릿속으로 그렸던 장면이 실제 방송을 보면 전혀 다른 장면일 때도 있고, 이걸 과연 어떻게 표현할까 싶었던 장면들이 너무도 멋지게 그려지기도 한다.

정반대도 있다. 대본으로 읽었을 때는 너무 재밌는 장면이었는데 막상 영상을 보면 그 느낌이 반도 전달되지 않는 경우도 있다. 내가 드라마 대본을 직접 쓰는 드라마 작가도, 그렇다고 드라마를 만드는 연출가도 아니지만 이럴 때는 괜히 속이 상하고 아쉬움이 남기도 한다.

대본에는 글로만 적혀 있는 등장인물도 마찬가지다. 배우의 연기가 더해져 더 멋진 인물이 되기도 하고, 상상했던 것보다 덜 매력적으로 그려지기도 한다. 괜찮은 드라마 혹은 사람들에게 사랑받는 드라마가 되기 위해서는 작가, 감독, 배우 삼박자가 잘 맞아야 한다는 것은 분명한 듯싶다. 여기에 더해지는 드라마 화면해설은 글로 쓰인 대본보다는 영상에 담겨 있는 부분을 놓치지 않고, 머릿속으로 그림이 그려지게 설명해 주는 것이 무엇보다 중요하다.

• • •

드라마를 예로 들어보자. 시각장애인들에게는 등장인물들이 주고받는 대사는 들려도 어느 때 어느 곳에서 어느 상황에서의 대화인지 알 수 없다. 화면해설 방송에서는 음성으로 이런 내용들을 '해설'한다. 대사 없이 이어지는 장면이라면 더더욱 어떤 상황인지 이해하기 어려울 테니 지금 어떤 화면이 흘러가고 있는지 드라마의 톤에 맞게 역시 '해설'을 넣는 식이다.

그럼 누군가가 궁금해하는 것처럼, 화면해설이라는 게 대본에 있는 지문을 그대로 적는 걸까? 그렇지는 않다. 영화 시나리오나 드라마 대본의 형식을 알면 조금 더 쉽게 이해할 수도 있을 것 같다. 시나리오나 드라마의 대본은 신scene, 그러니까 장면으로 구성되고 각 신은 대사와 지문으로 이루어져 있다. 예를 들면 이렇다.

S#1 학교 운동장 / 오후

붉은 노을빛으로 물들어 있는 운동장.
영희가 체육복 차림으로 줄넘기를 하고 있다.

영희 (아무렇지도 않은 듯 돌아보며) 언제 왔어? 웬일이야?

이 대본대로 촬영되었다면 시청자는 배경이 되는 장소는 학교 운동장이고, 시간대는 하늘이 노을로 물든 오후임을 알 수 있다. 그리고 영희가 체육복을 입고 줄넘기를 하고 있는 걸 볼 수 있다. 하지만 시각장애인이 이 드라마를 시청하고 있다면 그는 "언제 왔어? 웬일이야?" 하는 대사만 접할 수 있다.

노을 진 하늘 아래 학교 운동장에서 영희가 체육복을 입고 줄넘기를 하다가 돌아보면서 건넨 말이라는 수많은 정보가 전달되지 않는다. 게다가 영희가 대사를 하기 전까지 운동장을 넓게 잡는 화면, 영희가 줄넘기를 하고 있는 장면 등이 길게 이어진다면 오랜 시간 동안 답답함이 이어진다. 화면해설은 이 정보의 공백, 시간의 공백을 적절하게 채운다.

노을빛으로 물든 운동장을 얼마 동안이나 보여주고, 그 운동장에서 줄넘기를 하고 있는 영희의 모습이 바로 보이는지, 아니면 운동장 풍경만 먼저 보이는지에 따라 화면해설로 설명해야 하는 것들이 달라진다. 또 줄넘기를 하고 있는 영희의 표정 등을 얼마나 자세하게 보여주는지에 따라, 그리고 돌아보기 전에 어떤 소리가 들리는지에 따라 달라지기는 하겠지만, 이런 식의 해설이 들어가게 된다.

체육복 차림의 영희가

노을 진 운동장에서 줄넘기를 하고 있다.

그녀가 무표정한 얼굴로 돌아본다.

이건 정말 최소한의 해설, 가장 기본이 되는 해설이다. 실제 작업을 할 땐 머리를 쥐어뜯어 가며 빈약한 어휘력을 탓하고 또 탓한다. 대본에서는 '붉은 노을빛'으로만 간단하게 표현되어 있지만 우리가 실제 보는 노을, 그래서 영상에 담아낸 노을은 그리 간단하지도 않을뿐더러 '붉다'라는 단어 하나로 표현하기에는 너무 많은 색을 포함하고 있다. 또 은은한 붉은색일 수도 있고 강렬한 붉은색일 수도 있어 어떤 쪽이냐에 따라 그 느낌이 확 달라진다.

그래서 내가 눈으로 보고 있는 그 노을을, 직접 보지 못하지만 들어서라도 똑같이 느끼고 머릿속으로 그릴 수 있게 가장 적당한 단어와 표현들을 찾고 또 찾게 된다. 그러면서 형형색색의 노을빛처럼 '나의 어휘력도 형형색색 오색찬란했으면 참 좋겠다'라고 한탄한다.

지문으로 주로 표시되는 등장인물의 행동, 표정, 감정 등은 촬영 현장에서 감독 또는 배우가 해석하기에 따라서 대본과 달라진다. 연기를 못하는 배우를 만나게 되면 무슨 표정인지 알 수가 없어 답답해하고, 연기를 아주 잘하는 배우를 만나면 그 표정과 감정을 제대로 표현해 주지 못하는 나 자신을 탓하며 스스로를 욕한다. 그러다 보니 화면해설을 쓰는 내내 욕쟁이가 되어 간다.

신들이 수정되거나 대사가 수정되면서 역시 대본과 다르게 많이 바뀌기 때문에 이것 역시 대본에만 의지해서 화면해설을 쓸 수 없는 이유가 된다. 그래서 화면해설은 대본이 아니라 실제로 방영된/방영될 영상이 기준이 된다.

정말 만에 하나 백 퍼센트 대본 그대로 방송되었다고 해도 대본의 지문을 그대로 쓸 수는 없다. 이 책에서 거듭 언급될 텐데, 화면해설의 어려운 점은 시간 제약이 크기 때문이다. 화면해설 작가가 쓰고 싶다고 해서 알려주고 싶은 것, 표현하고 싶은 것들을 다 쓸 수가 없다. 대사와 대사 사이, 배경음악 사이사이 짧은 시간 동안에 최대한 효과적으로 해설을 해야 한다. 영희가 "언제 왔어? 웬일이야?" 하기까지 시간이 좀 넉넉하다면 대사가 들리기 전에 화면을 해설해 주는 게 최선이겠지만, 여의찮으면 가장 중요한 정보가 무엇인지 판단해 우선순위대로 해설하는 수밖에 없다.

그 시간을 고려해서 정보를 담아야 하기 때문에 정보가 많아도 문제, 적어도 문제다. 그러니 대본에 있는 지문을 그대로 해설할 수도 없고, 그래서도 안 된다. 그래서 화면해설작가의 역할이 중요하다. 화면해설작가는 이 시간과 정보 사이에서 이 작품을 이해하는 데 가장 중요한 요소를 판단해 이를 해설로 쓰는 역할을 한다.

• • •

대본 형식이 드라마나 영화와는 사뭇 다른 다큐멘터리는 어떨까. 다큐멘터리 대본은 크게 비디오 부분과 오디오 부분으로 나뉜다.

(비디오) 망망대해의 풍경
(오디오) 드넓은 바다. 겨울이 찾아왔습니다.

'비디오'는 영상에 보이는 장면, '오디오'는 주로 내레이션으로 그 영상을 설명해 주는 부분이다. 다큐멘터리 화면해설은 화면에 보이는 장면, 행동, 장소 등을 설명하되 원 영상의 내레이션과 겹치지 않도록 설명하는 것이 원칙이다. 원 영상의 내레이션에서 "바다에 겨울이 찾아왔다."라고 했으니까 화면해설에서는 내레이션만 들어서는 알 수 없는 것, 화면에 보이는 것을 담는다.

겨울이 찾아왔다는 걸 어떻게 구현하고 있느냐에 따라서, 즉 바다에 눈이 내리고 있다거나 얼음이 얼었다거나 하는 장면이 보이고 있다면 그 내용을 설명한다. 그래서 다큐멘터리에서 가장 좋은 화면해설은 원 영상의 내레이션을 질문으로 보고, 화면해설은 그 질문에 대한 답이 되었을 때다.

(내레이션) **드넓은 바다, 겨울이 찾아왔습니다.**

회색빛 바다 위로 파도가 거세고 눈보라가 내리고 있다.

정리하자면 화면해설이란 시각장애인들이 방송을 보면서 이해하는 데 빈구석이 없도록, 볼 수 없는 화면을 들려주는 일이다. 보는 대신 듣는 것이기에 들어서 보는 것 같은 감동, 재미를 느낄 수 있도록 글을 써야 한다. 이 상황에 가장 적정한 표현이 무엇일지, 지금 저 배우가 손에 들고 있는 것을 정확히 뭐라 부르는지, 저 춤은 뭐라 부르는지, 저 꽃의 이름은 무엇인지…. 잠깐 스쳐 지나는 것 하나라도 더 전달하는 게 우리가 하는 일이다.

화면해설작가는 그렇게 정보와 감상이 전달되는 글을 쓰는 일을 한다. 해설을 들었을 때 머릿속으로 그림이 그려지면 그게 가장 좋은 화면해설이라고 하는데, 그런 의미에서 화면해설작가들은 글로 그림을 그린다고 할 수도 있겠다. 내가 쓴 글이, 그리고 화면해설이 듣는 사람들에게 한 편의 멋진 그림으로 기억되었으면 참 좋겠다.

5장

ASMR, 눈을 감고 감상한다는 것

권성아

ASMR은 자율(Autonomous), 감각(Sensory), 쾌락(Meridian), 반응(Response)의 줄임말로 뇌를 자극해 심리적인 안정을 유도하는 영상이나 음성을 뜻한다고 한다. 유튜브에서 ASMR을 검색해 보면 많은 사람들이 정말 다양한 소리들을 녹음해서 올려놓은 걸 볼 수 있다. 나는 주로 잠이 안 올 때 빗소리를 찾아 듣는다. 신기하게도 빗소리를 듣고 있으면 어느새 잠이 스르르 들곤 한다.

그런데 이런 ASMR 중에는 단연 음식에 관한 소리가 많은 것 같다. 먹방 유튜버들은 음식을 먹을 때, 그 음식에서 나는 소리를 극대화해서 들려주곤 한다. 나는 남들이 먹는 걸 뭐 하러 보나 싶어서 먹방 콘텐츠는 거의 보지 않지만 그런 콘텐츠에서 들려주는 '소리', 그 소리는 늘 주의해서 듣고 있다고 할 수 있다. 주의 정도가 아니라 촉각을 곤두세울 때도 많다.

화면해설을 쓸 때 절대 간과하면 안 되는 게 눈을 감고 영상 작품을 '들어보는' 과정, 즉 '눈을 감고 감상하기'이기 때문이다. 화면해설을 쓰기 전에 먼저 눈을 감고 '소리'만 들었을 때, 대사나 내레이션, 여러 가지 소리로 이해할 수 없는 장면들을 확인하는 과정이 '눈을 감고 감상하기'라고 할 수 있다.

• • •

왜 꼭 이런 번거로운 과정을 거쳐야 하는지 궁금하다면 1분이라도 눈을 감고 영상을 감상해 보면 된다. 그러면 우리가 무심코 영상을 볼 때 얼마나 많은 시각 정보를 동시다발로 받아들이게 되는지 단박에 깨달을 수 있다. 알면서도, 지금도 놀라게 되는 사실이 있다. 눈을 감고 들으면 배우들의 대사가 잘 들리지 않는다는 점이다.

장면을 되감아, 이번에는 말을 하는 배우들의 입을 화면으로 보면 신기할 만큼 대사가 잘 들린다. 그만큼 시각 정보가 중요하다는 것이다. 그러다 보니 개인적으로 발음이 좋은 배우들을 선호하게 되기도 한다. 발음이 이상하면 당최 뭐라고 말하는지 알아듣기 힘들기 때문이다. 아무리 잘생겨도, 또 예쁜 외모를 가지고 있어도 대사 전달이 명확하지 않으면 보기가 싫어진다.

그렇게 그 배우를 내 마음에서 버렸기에 다음 작품에서 만나게 된다면 반쯤 포기하는 심정으로 보게 된다. 그런데 생각지도 않게 발음이 좋아져서 나오는 배우들이 있다. 그만큼 노력하는 배우일 텐데 남들은 잘 알아채지 못해도 나만이 알게 되는 소소

한 기쁨의 순간이다. 그럼 그 배우는 다시 내 마음에 저장. 연기가 좀 부족할 때가 있더라도 '까방권'(까임방지권)을 얻게 된다. 다음 작품에서는 분명히 더 나은 모습으로 나타날 테니까.

배우들의 발음까지 신경 쓰게 되는 부작용(?)이 있지만, '눈을 감고 감상하기' 과정을 거치고 나면 시각장애인이 방송을 접하는 환경을 조금이나마 이해하게 되기도 하고, 화면해설 글을 쓰는 일도 더 효과적으로 할 수 있다. 대사나 내레이션, 여러 가지 소리만으로 작품의 상황을 이해할 수 있다면 굳이 해설을 할 필요가 없다는 뜻이다. 소리를 덮는 해설을 하는 것보다, 해설 없이 소리를 살려주는 게 효과 만점이다. 그렇다 보니 소리에 집중하기 위해 이어폰을 꽂고 작업할 때가 많다. 소리를 더 잘 듣기 위해 볼륨을 높일 때도 많은데 모니터에 여지없이 경고 문구가 뜬다.

높은 볼륨은 청력 손실을 초래할 수 있습니다. 청력은 중요합니다. 볼륨을 이 지점 이상으로 높이면 청력이 영구적으로 손상될 수 있습니다.

잠시 '멈칫'하지만 '허용' 버튼을 클릭한다. 1년에 한 번, 정기적인 청력검사는 필수가 되었다.

• • •

앞서 얘기했던 ASMR로 돌아가 보자. 지글지글 부침개 부치는 소리, 바삭바삭 튀김이 완성되는 소리, 시원하게 국물을 들이켜는 소리, 음식을 먹고서 내뱉는 감탄사, 또 파도가 밀려오는 소리, 바람이 부는 소리, 폭포수가 내리꽂히는 소리…. 이런 소리들은 다른 어떤 해설을 덧붙이지 않아도 소리만으로 그 장면의 느낌을 풍성하게 만들어 준다. 이럴 때 화면해설은 거드는 정도면 충분하다.

반대로 말하면 소리만으로 알 수 없거나, 모호하거나, 궁금한 장면들은 화면해설이 감당해야 할 부분이다. 앞의 3장에서도 언급되었지만, 어느 시각장애인이 그런 말을 한 적이 있다고 한다. 삼겹살 굽는 소리를 소나기 내리는 소리로 알아들었다고. 눈을 감고 들어보면 두 종류의 소리를 구별하는 것이 쉽지 않음을 알게 된다. 그는 "삼겹살을 굽는다"는 화면해설이 없었다면 아마도 그 장면을 계속 오해한 채 지냈을 거라고 했다. 이런 일례를 보더라도 화면해설작가에게 '눈을 감고 감상하기'가 얼마나 중요한지 알 수 있다.

물론 비시각장애인이 눈을 감고서 한 작품을 끝까지 보는 것 자체는 아주 힘든 일이다. 눈을 감은 채로 있는 건 생각보다 인내심이 필요하고, 각종 소리가 들리면 궁금하기도 하고 뭔지 몰라 답답하기도 해서 이내 눈을 뜨고야 만다.

그렇다 하더라도 그런 노력을 게을리해서는 안 된다. 그러다 보면 소리에 민감하게 되고, 소리에 민감해지면 그 소리가 대사든, 내레이션이든, 인터뷰든, 여러 가지 생활소음이든, 자연의 소리든 간에, 궁금하지 않은 해설, ASMR을 풍부하게 살릴 수 있는 해설을 쓸 수 있게 된다. 그런 상태로 10년을 넘게 살다 보니, 비록 먹방 유튜버의 ASMR을 듣는 유행에는 뒤떨어지더라도 '모든 소리'에 초초초 예민한 여자가 되었다. 일상에서도 늘 소리에 귀를 쫑긋하게 된다. 이런 습관이, 마음이 작품에 닿아 나는 오늘도 ASMR이 가득가득 살아 있는 화면해설을 쓰고 있다.

6장

이것은 '이상한' 방송이 아니라고요

나의 일을 아직 잘 모르겠나요?

김은주

방송 구성작가로 일할 때 우스갯소리를 한 적이 있다. 내 작업 시간의 절반은 구성작가가 무엇이며, 내가 무슨 일을 하는지 사람들한테 설명하는 데 쓴 것 같다고 말이다. 지금이야 예전에 비하면 구성작가가 어떤 일을 하는지 많이들 알고 있지만 내가 처음 일을 시작했을 때만 해도, 드라마 작가는 다들 알아도 구성작가가 도대체 뭔지, 어떤 일을 하는지 모르는 경우가 태반이었다.

그런데 재밌는 게 구성작가가 무슨 일을 하는지는 몰라도 구성작가에 대한 호기심과 관심은 그때도 참 높았다. 무슨 일을 하는지 정확히 몰라서이기도 할 테고 방송국에서 일을 한다니까 조금 신기해 보이지 않았을까 싶기도 하다. 그래선지 사람들을 처음 만나는 자리에서도 다른 이야기를 할 때는 시큰둥한 반응을 보이다가도 구성작가라고 하면 솔깃해하는 경우가 꽤 많았다. 그런 관심이 싫지 않으면서도 꽤 부담스럽기도 했고, 구성작가가 무슨 일을 하는지를 제대로 설명하지 못해 버퍼링 걸린 것처럼 버벅거리는 경우가 허다했다.

사실 일을 처음 시작했을 때는 나조차도 내가 하는 일에 대해 정확히 몰랐다. 정확히 몰랐다기보다는 정확히 알기가 어려웠다고 해야 더 맞는 말일 것이다. 그도 그럴 것이 작가, 말 그대로 글을 쓰는 사람인 줄로만 알았는데 글 쓰는 것은 하는 일 중 일부분에 불과했기 때문이다. 그러니 막연히 글 쓰는 사람이라고 설명하자니 내가 하는 일의 일부만 설명하는 꼴이 되고, 하는 일을 일일이 다 설명하자니 그럼 왜 글 쓰는 작가가 그런 일을 하는지 설명이 따라붙어야 해서 이래저래 말하기 곤란한 상황이 되고 만다.

막내 작가로 처음 일을 시작한 프로그램은, 알 만한 사람은 다 알고 아주 오래전부터 지금까지도 방송되고 있는 〈무엇이든 물어보세요〉였다. 아이템을 정하기 위해 필요한 자료를 검색하고, 회의를 거쳐 아이템이 정해지면 그에 맞게 출연진을 섭외하고, 스튜디오에서 진행자와 출연자가 주고받을 질문지를 만들기 위해 다시 자료를 찾고, 자료 화면으로 쓸 VCR 영상 촬영 장소를 섭외하다 보면 일주일이 금방 지나간다. 그러다 일이 조금 손에 붙은 뒤에는 VCR 영상에 들어갈 내레이션, 자막 같은 원고를 쓰기도 했다.

일이 많아도 다른 건 다 어떻게든 하겠는데 섭외는 정말 너무 힘들어서 섭외 한번 할 때마다 곡소리를 내야 했다. 말을 조리 있게 잘하지 못하는 데다가 한번 거절한 사람에게 거듭 부탁을 하지 못하는 성격 탓에 거절하는 말을 들으면 식은땀을 흘리기 일쑤였다. 거절했다고 섭외를 안 할 수도 없는 노릇이니 섭외 리스트를 받아들 때마다 도망가고 싶은 적이 한두 번이 아니었다.

결국 라디오로 자리를 옮겼다. 그나마 라디오는 출연진이 한 번 정해지면 웬만해서는 개편 때까지 최소 6개월은 바뀌지 않고 그대로 진행되는 편이다. 섭외에서는 어느 정도 자유로워진 셈인데, 라디오 방송 일은 TV보다 일반인들에게 더 생소했다. 진행자와 게스트들이 주고받는 멘트는 물론이고 진행자들이 하는 거의 모든 얘기가 다 원고로 미리 쓰인 것이라고 말하면 믿지 않는 사람이 대부분이었다. 하긴 나도 잘 몰랐으니 "정말요?" 하고 놀라는 것도 당연하고, 그럼 그걸 어떻게 쓰는지 궁금해하는 것도 당연한 일이다.

그것과 별개로 어느 때부터 나는 내가 하는 일에 대해서 일일이 설명하는 게 너무도 귀찮게 느껴졌다. 궁금증이나 호기심을 맞닥뜨리는 것도 썩 반갑지 않았다. 그래서 만약에 직업을 바꾼다면 다음에는 일일이 설명하지 않아도 누구나 다 아는 그런 일, 누가 물어보면 명확하게 설명할 수 있는 일을 해야겠다고 막연한 바람을 가졌었다.

• • •

그렇다면 화면해설작가로 직업을 바꾼 지금, 다들 내가 무슨 일을 하는지 굳이 설명하지 않아도 다 알며, 나 역시 내 일에 대해 제대로 설명할 수 있을까? 나의 바람은 이루어진 것일까?

바람이 너무 컸던 탓인지, 구성작가로 일할 때는 부모님 세대들이 내가 하는 일에 대해서 잘 몰랐다면, 지금은 친구들도 내가 무슨 일을 하는지 정확히 잘 모른다. 누가 알기라도 하면 안 되는 일급비밀처럼, 비밀요원처럼 일을 하는 셈이다.

그렇다고 구성작가처럼 사람들의 관심도가 높으냐 하면 그것도 아니다. 괜히 씁쓸해지기도 하는데, 화면해설 일을 시작하고 한동안은 나름 열심히 설명하기도 했다. 지금 생각해 보면 화면해설과 화면해설작가를 정확히 이해했다기보다는 각종 자료들에 정답처럼 정리해 놓은 것을 앵무새처럼 외워서 들려주곤 했다. 시각장애인을 위해 다양한 영상을 음성으로 설명해 주는 거라고 핏대를 세워가며 설명을 하고 나면, 다들 알겠다는 듯이 고개를 끄덕인다. 그리고 지나가는 말처럼 한마디씩 한다.

"아~ 그 자막 방송."

어떻게 해서 시각장애인을 위한 화면해설 방송과 청각장애인을 위한 자막 방송이 같은 뜻으로 정리되는지 지금까지도 잘 모르겠지만, 이쯤 되면 핏대까지 세워가며 설명한 게 머쓱해진다. 나 자신조차 제대로 이해하지 못한 상태였으니 설명이 부족했던 건 너무 자명한 일이고, 그럼에도 아쉽고 안타까운 건 관심의 문제가 아닐까란 생각이 든다는 점이다. 사람들은 이 분야에 대해 모르고, 알지 못하니 관심도 없다.

나는 어땠을까? 우연을 가장한 운명이었다고 우겨도 보고 싶기도 한데, 화면해설을 처음 접한 건 정말 우연이었다. 그리고 그 우연이 호기심으로 바뀐 건 화면해설 대본 때문이었다. 그동안 봐온 드라마 대본과 비슷하면서도 달랐다. '이건 뭐지?' 궁금증과 함께 호기심이 생겼다. 의욕이 넘치는 사람이 아닌지라 화면해설이 뭔지 찾아보고 알아보고 그런 게 아니라 그때는 딱 거기까지, 호기심과 궁금증에서 끝이었다. 이런 것도 있구나, 하는 정도였다.

그러다 우연히 화면해설작가 모집 공고를 보게 되었다.

〈모집 대상: 화면해설에 관심 있는 누구나〉

'관심 있는 누구나.' 그 말에 꽂혀 문을 두드렸고, 수강생을 거쳐 운 좋게 10년 넘는 시간 동안 화면해설작가로 일하고 있다. 구성작가로 일할 때는 구성작가가 무엇이며, 무슨 일을 하는지를 설명하는 게 참 싫었는데 지금은 화면해설에 대해 그리고 화면해설작가에 대해 열심히 설명할 준비가 되어 있다.

화면해설작가가 되고 싶다는 관심까지는 아니더라도 이제는 한 사람이라도 더 화면해설에 대해 관심을 가져줬으면, 그래서 "화면해설이 뭐예요?", "화면해설작가는 어떤 일을 해요?" 하고 물어봐 주는 사람이 한 사람이라도 더 있기를 바라는 마음에 다다랐다.

• • •

요즘 시대에 '관심'은 곧 '검색'으로 이어지기 마련이다. 내가 구성작가로 일할 때 가장 많이 했던 일이라면 단연 검색이었다.

그래서인지 지금도 습관처럼 수시로 하는 일이 검색이다. 무언가를 꼭 찾아야 하고 알고 싶은 게 있어서가 아니라 그냥 시간이 남을 때도, 일이 너무 하기 싫을 때도 포털사이트 검색창에 이것저것 생각나는 단어들을 검색해 본다.

검색어는 그때마다 다르다. 개인적인 관심사를 검색할 때도 있고, TV나 신문에서 봤는데 좀 더 알고 싶은 게 있어 검색할 때도 있다. 문득 생각난 호기심에 검색을 해보기도 한다.

화면해설을 하고부터는 종종 '화면해설' 혹은 '화면해설 방송', '화면해설작가'를 키워드로 검색해 본다. 이제는 기억도 가물가물한 10여 년 전, 내가 화면해설을 갓 시작했을 때는 화면해설을 검색하면 검색되는 자료가 거의 없었다. 그러다 어느 때부터 검색되는 게 하나둘 눈에 띄었다. 오호! 반가운 마음에 확인을 해보면, 실상은 실망스러운 질문과 맞닥뜨리기 일쑤였다.

"화면해설 방송 어떻게 끄나요?"

리모컨을 잘못 만졌는지 갑자기 '이상한' 방송이 나오는데 어떻게 하면 이걸 안 들리게 할 수 있느냐는 질문이다. 반가움이 순식간에 씁쓸함으로 바뀔 수밖에 없다. 누군가에게는 꼭 필요한 것이 다른 누군가에게는 오히려 방해가 될 수도 있겠지. 그렇게 쓴웃음을 지으며 검색창을 닫곤 했다.

이건 화면해설 방송뿐만 아니라 자막 방송도 마찬가지이다. 얼마 전에 SNS에서 논란이라고 하기에는 그렇고 짧은 설전이 오고 간 적이 있다. 요즘 많이들 이용하는 넷플릭스와 같은 OTT의 경우 자막이 제공되는 경우가 많은데, 청각장애인분들을 위한 거라서 대사뿐만 아니라 어떤 소리인지에 대한 간단한 설명과 배경음에 대한 설명도 자막으로 제공된다. 배경음에 묻히는 대사들을 비롯해 잘 안 들리는 대사들이 있다 보니 그런 부분들을 자막으로 확인할 수 있어 OTT를 이용하는 사람들에게 꽤 만족도가 높은 서비스로 알고 있다.

하지만 자막 자체가 왜 제공되는지에 대해서는 미처 몰랐던 건지, 아니면 그 부분까지는 한 번도 생각을 안 해본 건지 '신나는 음악', '휘리릭 바람 소리' 이런 소리에 대한 자막을 보고 왜 이런 부분까지 알려주는지 모르겠다는 글이 SNS에 올라왔었다. 그 뒤로 그런 자막은 청각장애인을 위한 것이며, 장애인 방송에 대해 설명하는 답글과 댓글이 이어졌다. 처음 글을 올렸던 분이 자막 방송이 청각장애인을 위한 거라는 걸 몰랐기에, 자막 방송이 왜 있는지에 대해 깊게 생각해 보지 않았기 때문에 생긴 일이라고 생각은 한다. 하지만 그나마 많이 알려진 자막 방송도 이런 상황인데 화면해설은 더하지 않을까 싶어 괜히 마음이 좀 그랬다.

• • •

현재 장애인의 방송 접근권을 보장하기 위해 원 방송 내용을 보완하는 방송이 몇 가지 방식으로 시행되고 있는데, 청각장애인을 위해서는 자막 · 수어 방송이 만들어지고 있고 시각장애인을 위해서는 화면해설 방송이 만들어진다. 청각장애인을 위한 자막 방송은 외화나 해외 드라마의 외국어 대사를 한국어로 번역한 일반적인 자막과 다르다. 드라마 등장인물들의 대사나 뉴스 진행자의 멘트처럼 한국어로 된 음성을 자막으로 표시한다.

화면 오른쪽 하단 작은 동그라미 안에서 수어통역사가 수어로 설명을 해주는 수어 방송은 이제 제법 익숙해진 모습 중 하나다. 지난 '수어의 날' 지상파 방송의 뉴스 클로징을 보셨다면 기억하실 텐데, 늘 화면 오른쪽 밑에 있던 수어 통역사의 모습이 화면의 반을 차지하며 아나운서와 함께 클로징 멘트를 했었다. 나 혼자만의 생각일 수도 있고 착각일 수도 있겠지만 화면 오른쪽 밑에 있는 게 당연하다고 생각했던 수어통역사의 모습이 전체 화면의 반을 자치해도 전혀 이상하지 않았으며 오히려 아나운서와 함께 하는 모습은 감동적이기까지 했다.

수어가 왜 필요한지를 알고 있기 때문이기도 하고, 수어통역사의 경우는 예전보다는 많이 접할 수 있기 때문에 거부감이 덜 드는 거라는 생각도 든다. 그렇다면 화면해설도 비슷하지 않을까. 소리에만 의존해 TV를 시청하는, 즉 화면을 볼 수 없는 시각장애인에게 영상에 대한 이해와 흥미를 높이기 위해 원 콘텐츠의 대사, 내레이션 같은 기본적인 소리에 더해 장면 전환, 등장인물의 표정이나 몸짓, 대사 없이 처리되는 영상 등 지금 화면에 나오고 있는 장면을 음성으로 해설해 주다 보니 처음에는 방송을 보는 데 방해가 된다거나 '이게 뭐야?' 하며 얼굴을 찌푸릴 수도 있다.

하지만 '이게 화면해설이구나' 하고 귀 기울여 주고, 왜 이런 방송이 있는지 한 번쯤 생각해 본다면 화면해설이라는 또 다른 방법을 통해 방송을 색다르게 즐길 수도 있지 않을까? 그리고 그 이상한 방송이라는 것을 위해 누군가는 밤잠 설쳐가며, 같은 영상을 보고 또 보며 대본을 쓰기도 한다는 것을, 또 그 이상한 방송이 없으면 너무도 당연하게 즐기는 프로그램을 감상할 수 없는 사람들이 있다는 사실을 한 번쯤은 생각해 주면 좋겠다.

"해설방송 전편 구하고 싶다. ㅜㅜ"

"본방에도 화면해설이 필요한 거 같아."

"화면해설 보는 게 지상파 정규 재방 시간에만 가능한 걸로 아는데 좀 더 볼 수 있는 방법이 많아지면 좋겠음."

이처럼 어깨를 으쓱이게 하는 글들을 좀 더 자주 만날 수 있었으면 참 좋겠다.

7장

우리가 하는 건 '좋은' 일이 아닙니다

이진희

"어떤 일 하세요?"

누가 물어오면 내 머릿속은 복잡해진다.

"화면해설을 하고 있어요."

이렇게 깔끔하게 말하고 그칠 수 있으면 좋겠지만 약간의 물음표가 담긴 눈빛이 돌아올 걸 알고 있기에 거기서 그칠 수가 없다.

"아, 화면해설작가인데요. 시각장애인들이 TV를 감상할 수 있게 영상을 해설해 주는 작가예요."

그러면 상대 반응은 대체로 비슷하다. "아~~" 하는 감탄사라기엔 약간 모호한 반응이 많은데, 그 반응에서 '모르지만 알 것 같고', '대충 이해는 하겠지만, 더 관심은 없다'는 분위기를 감지해 왔다면 나의 오해일까? 방송작가일 때 과도한 관심을 받은 것과는 사뭇 달라 흥미로운 지점이었다. 그래도 조금 더 관심을 보이는 사람들은 "아, 밥을 먹는다. 걸어간다, 이렇게 설명해 주는 거요?"라고 이야기를 확장시킨다. 그리고 마무리는 대체로 이렇다.

"좋은 일 하시네요."

그러면 난 잠깐 고민에 빠진다. "어떤 면에서 좋은 일인 거죠?"라고 되묻는다면 까칠한 대응처럼 여겨질 테니 우선 패스! 그렇다고 "그렇게 생각해 주신다니 고맙습니다."라고 하기엔 어딘가 마음이 불편하다. 늘 고민만 많은 나는 결국 "아…. 뭐…. 네…."라는 이상한 타협점을 찾아 두루뭉술한 답을 내놓기 일쑤였다.

• • •

물론 대부분의 일들이 그렇지만, 우리가 하는 일 역시 무척 의미 있고 가치 있는 일이다. 그래서 무수히 많은 밤을 새우고 몸이 축나는 걸 알면서도 모니터에 매달리며 살아갈 수 있는 것이고.

그럼에도 '좋은 일'이라는 반응으로 마무리될 때마다 아쉬운 기분이 든다. 관심이 대체로 거기서 끝나는 이유가 '나와는 관계없는 일'로 생각해서는 아닐까, 싶어서다. '봉사'라는 뉘앙스 안에 '전문성'을 배제하는 느낌이 드는 것도 아쉬움이 드는 이유 중 하나다. 굳이 무관심과 호기심으로 나눠본다면, 어쩜 우리 일은 무관심에 좀 더 기울어져 있는지도 모르겠다.

애정하는 TV 시리즈 중 〈올드미스 다이어리〉라는 시트콤이 있다. 지 PD와 미자의 러브스토리에 설레고, 쌍문동 세 자매 할머니들 이야기에 웃다가 울던, 여전히 사랑하는 작품 중 하나다. (〈나의 해방일지〉를 만든 박해영 작가와 김석윤 감독이 처음 함께 한 작품으로 알고 있다.)

극중 주인공인 미자(예지원 분)는 성우다. 어느 날, 라디오드라마 폐지 여부로 그녀가 동료들과 국장을 찾아가 호소하는 장면이 있었다. "숫자는 적어도 이 프로그램이 꼭 필요한 고정 청취자 층이 분명 존재합니다. 다른 볼거리를 접하기 힘든 노인이나 시각장애인들이 라디오드라마에서 얼마나 많은 위안을 받는지 아십니까?" 미자의 그 말을 듣는 순간, '아, 그렇지' 하는 짧은 깨달음, 뒤이어 긴 부끄러움이 찾아왔다. 당시 TV에서 하던 '더빙 영화'를 반기지 않던 내가 떠올라서였다. 더빙 역시 쉽게 자막을 읽기 어려운 노인이나 시각장애인에겐 없어서는 안 될 꼭 필요한 일이라는 걸 그제야 깨달았으니까.

• • •

우리 일이 이해받지 못하거나 무관심의 영역에 속해 있다는 느낌은 곧 시각장애인에 대한 무관심에서 비롯된 거란 생각이 든다. 나도 거기에서 자유로운 사람은 아니었다. 그래서 섭섭할지언정 무관심한 사람들을 이해한다. 예전엔 그런 이유로 굳이 내 직업을 구구절절 설명하거나 알리려 하지 않았다. 이해받지 못하는 일이라도 스스로 묵묵히 해나가면 되는 일이라고 생각했다.

그런데, 가만! 그랬더니 나는 정말 알 수 없는 일을 하면서 그저 집에 틀어박혀 있는 사람이 되어가고 있었다. 간혹 화면해설 관련 뉴스나 장애 관련 이슈에 발언하는 정치인, 유명인들을 보며 '잘한다', '아쉽네' 같은 반응만 내뱉고 있었다. 정말 묵묵히 일하는 것만이 좋은 것인가, 갑자기 회의가 들었다. 그때부터 사람들을 만나면, 내가 왜 방에 틀어박혀 오래도록 작업에 매달려야 하는지 조금 더 구체적인 이야기들을 들려주었다.

내 작업에 이런저런 도움을 줬던 한 친구는 이제 좀 화면해설에 대한 이해도가 생긴 것 같았다.

"그런데, 영화의 미장센들 있잖아. 그걸 어떻게 다 소화해 줘?"

"다 못 하지. 그나마 해설 들어갈 공간이 많을 땐 최대한 그려질 수 있도록 중요한 부분들을 중심으로 해설하거나, 분위기를 전달하는 정도야. 그래서 단어 하나를 고를 때도 집약적으로 표현할 수 있는 단어를 신중하게 골라."

친구는 언젠가 이런 얘기도 꺼냈다.

"내 시나리오 영화화되면 나중에 누나가 화면해설 해주면 좋겠다."

"그러면 좋지."

음… 근데 네 시나리오 오컬트(occult)잖아!

2020년에 방송했던 드라마 〈스타트업〉에선 시각장애인을 위한 애플리케이션을 제작하는 주인공이 등장했다. 실제로 그런 애플리케이션은 꾸준히 만들어져 왔는데, 뒤늦게나마 드라마가 대중의 관심을 이끌어 준다면 더할 나위 없이 좋은 일이라

무척 반가웠다. 이 책을 쓰자는 이야기가 나왔을 때 선뜻 동참했던 이유도 그런 나의 각성 덕분이었다. 우리 일을 알리는 게 곧 시각장애인에 대한 관심으로 이어진다고 믿고, 그건 곧 더불어 살아가는 방법을 함께 고민하는 첫걸음, 더 좋은 세상을 위한 씨앗이라고 믿게 됐으니까.

'좋은 일'이라는 게 무엇일까. 선량한 일? 뜻깊은 일? 후자라면 가볍게 미소를 지어줄 수 있지만, 전자를 포함한 말이라면 '아니'라고 답해주고 싶다. 더욱이 이 일은 누군가 '하면' 좋은 일도 아니다. 우리 일은 누군가는 '꼭 해야 하는' 일이다.

8장

청각은 힘이 세다

권성아

드라마 화면해설을 쓸 때 간혹 후반 작업을 미처 하지 못한 영상을 받는 경우가 있다. 효과음을 거의 입히지 않아서 휴대폰 벨소리, 자동차 소리 같은 건 말할 것도 없고, 심지어 격투 신인데 주먹을 휘두르고, 맞고, 칼로 찌르고 하는 등의 소리가 전혀 없는 거다. 배우가 과하게(?) 멋진 폼으로 상대에게 일격을 가했는데 작은 소리만 '푹' 하고 나니 얼마나 맥이 빠지는지, 듣다가 웃음이 났다.

그때 알았다. 촬영한 뒤 후반 작업을 통해 일일이 장면마다 소리를 입힌다는 걸. 나중에 효과음이 다 들어간 장면을 확인했을 때 박진감 넘치는 격투 신에 감탄하지 않을 수 없었다. 그만큼 영상을 볼 때 '소리'가 중요하다. 그게 영화든, 드라마든, 예능이든 상관없이 말이다.

화면해설은 '소리'로만 모든 걸 전달해야 한다. 때문에 소리에 대한 궁금증을 놓치지 않아야 하는데 효과음이나 배경음악을 잘 살리는 것도 그에 못지않게 중요한 문제다. 주인공 두 사람이 사랑하는 장면에는 그에 맞는 노래가 흘러나오고, 공포물에는 무서운 효과음과 배경음이 적재적소에 들어가 있다. 액션 장면이 나올 때는 박진감 넘치는 효과음이나 음악을 빵빵하게 넣어주고, 예능 프로그램에도 재미있는 효과음이나 배경음이 수없이 많이 삽입돼 있다. 그렇다면 우리도 장르에 맞게 그 모든 소리들을 한껏 살려주면서 해설하는 것이 필요하다.

우선, 소리에 대한 궁금증을 놓치지 않기 위해서는 화면해설을 쓰기 전 영상을 확인하는 단계에서 대본에 일일이 표시를 해둔다. 대사나 내레이션에서 대명사로 지칭하는 인물이나 물건, 상황도 해설에 녹일 수 있게 표시해 둘 필요가 있다.

그러고 나서 실제 화면해설을 쓸 때는 장르에 맞게 어떤 소리를 살릴 것인지도 고민한다. 상황을 설명하기 위해 해설을 하더라도 특정 소리는 절대 덮지 않게 해설의 길이를 조절한다는 뜻이다. 멜로 장르라면 떨리는 숨소리, 뽀뽀하는 소리, 키스하는 소리는 살리고, 애틋한 장면에서는 그에 맞는 노래 가사를 살리는 식이다. 아무리 해설을 잘 쓴들 '소리'에서 느낄 수 있는 짜릿한 감정보다 효과가 클 수는 없기 때문이다.

어떤 드라마에서 남녀 주인공이 처음으로 키스하는 장면이 나왔다. TV 드라마는 그렇게까지 소리를 살리는 경우가 잘 없는데 그 드라마는 유난히 호흡과 소리를 '강조'해서 들려주었다. 그래서 키스를 하기까지의 과정만 해설하고, 키스 시간이 꽤 길었지만 나머지는 그 소리를 듣는 쪽을 택했다. 두 사람이

내는 소리만으로도 충분히 뜨거운 마음이 느껴졌고, 시각적으로 보는 것보다 '청각'으로 듣는 것이 훨씬 더 뜨겁고 짜릿한 느낌을 주었던 것 같다.

• • •

사극에서의 칼싸움 장면이면 칼집에서 칼을 빼는 소리, 칼날이 부딪히는 소리, 칼로 찌르는 소리는 덮이지 않게 한다. 자동차 추격 신은 자동차 바퀴의 마찰음, 충돌음 같은 것들은 필히 살리고, 액션이면 폭발음, 총소리를 최대한 살려야 한다. 공포물은 공포를 극대화할 수 있는 비명 소리, 무서운 음악, 긴장한 숨소리는 가능한 한 살리려고 노력한다. 예능의 경우도 재미를 배가시킬 수 있는 효과음들은 덮지 않으려고 애를 쓰게 된다. 만약 앞에서 열거한 수많은 소리들이 들리지 않고 상황을 설명하는 해설만 이어진다면 얼마나 재미가 없을지는 상상이 갈 것이다.

이렇게 수많은 소리들을 살려가며 화면해설을 쓰기 위해서는, 해설을 써나가면서 모든 문장들을 읽어봐야 한다. 눈으로만 읽는 것이 아니라, 성우처럼 빠르지도 느리지도 않게 일정한 속도를 유지하면서 입으로 소리 내서 읽어보고, 이 속도면 대사와 중요한 소리들을 덮지 않는 선에서 해설이 들어갈 수 있는지 확인해야 한다. 발음상 이상하게 들린다거나, 들었을 때 이해하기 힘든 문장이 없는지도 살펴보고 수정해야 한다. 활자로 보면 명확해도 들으면 이해하기 어려운 문장도 많기 때문이다.

이런 과정을 거쳐 화면해설 대본이 완성되었다 해도 해당 작품에 어울릴 만한 성우를 선정하지 못한다면 문제가 될 수도 있다. 웅장한 역사극인데 귀여운 음성의 성우가 해설한다든지, 사랑스러운 멜로극인데 세상 무뚝뚝한 목소리의 성우가 해설하고, 박진감 넘치는 액션물을 힘없이 해설해 준다면 무슨 재미가 있을까. 실제로 일을 하면서 가장 중요하게 생각하는 것 중의 하나가 성우 선정이다. 장르에 맞는 성우 선정을 위해서 성우에 관한 자료를 정리해 두는 것도 필요한 일이다.

드라마 해설을 한 지 그다지 얼마 되지 않았을 때, 연상 연하 커플의 애틋한 사랑을 담은 드라마를 하게 되었다. 드라마에 관해 경력이 많지 않다 보니 성우에 대한 개념이 크지 않았고 원고를 쓰는 데 급급해서 어떤 분위기의 성우를 선택할지 생각조차 하지 못했다. 1회 녹음이 끝나고 완성본을 듣는 순간 기겁하고 말았다. 거의 '로봇'과 흡사한 톤으로 화면해설을 해주는 게 아닌가. 애틋한, 그것도 감성 팡팡 순애보를 펼치는 드라마인데 로봇이 웬 말인가. 어쩌면 모든 장면을 그리 한 톤으로 읽어줄 수가 있는 건지…. 드라마가 끝나는 16회까지 내내 울고 싶었다. 그 후론 '로봇과'의 성우는 최선을 다해 피하고, 성우 선정에 심혈을 기울이게 됐다.

또 한번은 귀엽고 예쁜 여자 주인공이 매력적인 남자 주인공과 첫 키스를 하는 장면이 있었다. 그런데 여자가 남자 입술을 보며 눈을 동그랗게 뜨고 침을 '꿀꺽' 삼켰다. 보면 사랑스러운 장면인데 글로 쓰자니 '꿀꺽'이 너무 걸렸다. 배우의 연기는 '꿀꺽'이었지 '꼴깍'은 또 아니었다. '꿀꺽'이라는 단어는 어딘지

음흉한 느낌이 있다. '꿀꺽'이라는 한 단어를 쓰고 지우기를 반복하다가 결국은 성우님을 믿고 넣기로 했다. 결과는 대만족! 그 드라마를 해설해 주었던 성우님은 내가 최고로 꼽는 성우 중에 한 명이었고, 충분히 '꿀꺽'도 사랑스럽게 표현해 주리라 믿었던 거다.

지금 쓰고 있는 드라마가 조금 독특한 경우인데, AI 보이스가 화면해설을 읽어준다. 컴퓨터가 읽어주는 TTS 방식보다는 진일보했지만, 성우가 해설을 해주는 것에 비할 수는 없다. 아무 감정 없이 읽어나가는 해설을 들으면서, 목소리의 전달력이, 문장을 세심하게 해석하며 읽는 능력이 얼마나 중요한지 새삼 절감하는 중이다.

• • •

AI 보이스의 화면해설을 듣다가 얼마 전에 썼던 드라마 〈스물다섯, 스물하나〉가 생각났다. 방송국 기자인 남자 주인공 이진이 펜싱 선수인 여자 주인공 희도에 관한 다큐멘터리를 찍기 위해 바닷가에 간 장면이었다. 촬영 중이어서 두 사람은 마이크에 소리가 들어가지 않게 귓속말을 나누었고, 모래사장에 앉아 이어폰을 나눠 끼고 마이크로 들어오는 자연의 소리를 들었다.

희도가 눈을 감고 그 소리를 듣는 동안, 이진은 자기도 모르게 희도에게 향하는 눈길을 숨길 수 없었다. 여백이 많은 아름다운 이 장면을 어떻게 쓸까 한참 고민하다가, 해설은 최소로 줄이고 소리를 살려주기로 결정했다. 결과는 너무나 만족스러웠다. 두 사람의 귓속말, 잔잔한 배경음악, 파도 소리, 갈매기 소리, 뱃고동 소리…. 거기에 성우님의 분위기 있는 음성이 더해져 아름다운 화면해설의 한 장면이 완성되었다. 소리의 힘을 다시 한번 느낄 수 있는 경험이었다.

청각. 국어사전에는 "귀가 소리의 자극을 뇌에 전달하여 느끼는 감각이다."라고 설명되어 있다. 앞에서도 말했지만 화면해설은 '소리'로만 모든 걸 표현해야 한다. 시각을 대신해 '소리'로 뇌에 감각을 전달해야 한다. 청각은 시각 못지않게 힘이 세고, 우리 화면해설작가들은 이 청각의 힘을 최대한 활용해야 한다. 청각의 힘을 믿자!

9장

모든 사람을 위한 '유니버설 디자인'

임현아

나는 시각장애인만큼은 아니지만 어릴 때부터 눈이 나쁜 편이었다. 그래서 항상 도수 높은 안경을 쓰고 다녔는데, 지하철이나 버스를 타고 갈 때면 '노선도가 조금 더 크게 인쇄되어 있으면 좋겠다. 출구나 갈아타는 곳을 알려주는 안내판의 글자가 좀 더 잘 보였으면 좋겠다'고 생각하곤 했다.

스마트폰이 출시된 이후, 노선도를 검색해서 크게 확대해서 볼 수 있게 된 것이 내게는 큰 도움이 되었다. 나는 지금도 스마트폰에 탑재된 '접근성 향상 기능'을 요긴하게 활용하고 있다. 글자체를 크고 굵게 하고 고대비 기능을 켜서 노란색 키패드에 검은색 글자가 나오게끔 설정해 놓은 것이다.

스마트폰에는 이러한 기능 외에도 화면에 나타나는 모든 문자를 소리로 읽어주는 기능(삼성 갤럭시폰의 '퀵리더[바로 읽어주기]'나 애플 아이폰의 '보이스 오버' 기능), 캡처된 사진이나 다운로

드된 이미지를 말로 설명해 주는 기능 등 시각장애인을 위한 여러 기능이 탑재되어 있다. 사실 이 서비스들은 시각장애인뿐만 아니라 나처럼 눈이 나쁜 사람들이나 노안으로 눈이 침침해진 노인들에게도 유용할 수 있다.

이처럼 '모든 사람을 위한 디자인'을 '유니버설 디자인'이라고 한다. 연령과 성별, 국적, 언어, 장애의 유무 등과 상관없이 처음부터 누구에게나 공평하고 사용하기 편리한 제품, 건축, 환경, 서비스 등을 구현하는 것을 의미한다. 유니버설 디자인의 관점에서 볼 때 원래 시각장애인을 위해 고안되었지만 결과적으로 서비스를 이용하는 모두에게 유용한 서비스들이 있다.

예를 들어 버스 정류장에서 현재 어느 방향으로 가는 몇 번 버스가 도착했다는 음성안내가 나오는 상황을 생각해 보자. 이 음성안내 서비스는 시각장애인뿐만 아니라 다른 장애를 가진 사람들, 그 버스를 이용하려는 노인, 글을 모르는 사람들에게 두루 유용하다. 어린아이를 챙기느라, 스마트폰을 보고 있느라 버스가 온 줄 미처 몰랐던 사람들도 음성안내를 듣고 바로 알아차릴 수 있었을 것이다.

다양한 이유로, 보다 직관적이고 쉬운 정보가 필요한 모든 이들에게 '맞춤형' 정보 제공이 가능해지는 것이다. 이 외에도 음성인식으로 TV나 에어컨 등 IoT 기기를 작동시키는 일, 인공지능 스피커를 활용해 뉴스나 날씨를 듣는 일, 노트북에 탑재된 '터치 모니터' 역시 장애 유무를 떠나 누구든지 유용하게 활용할 수 있다는 점에서 유니버설 디자인이라 할 수 있다.

• • •

화면해설 방송은 "시각장애인을 위한 화면해설 방송"이라는 오프닝 멘트로 시작한다. 화면해설 방송이 '시각장애인의 눈' 역할을 한다는 의미다. 비시각장애인들이 TV 프로그램을 보면서 웃고 떠들며 즐기듯이 시각장애인들도 비시각장애인과 같은 지점에서 울고 웃으며 영상을 감상할 수 있도록 정보를 제공하는 것, 그것이 화면해설의 역할이다.

시각장애인은 화면해설을 통해 영상 속에 나오는 다양한 정보들을 '가능한 한 온전히' 제공받을 수 있다. 화면해설이 시각장애인의 방송정보 접근권 보장에 기여하고 있는 것이다. 그렇지만 나는 '화면해설 서비스'가 '시각장애인이 방송 프로그램을 감상하는 용도' 외에도 다양한 분야에서 충분히 유용할 수 있다고 생각한다.

세상에는 시각장애인이 아니지만 화면해설 그 자체가 필요한 사람도 많이 있다. 뒤에서도 이야기하겠지만, 내 동생은 중증 발달장애인이다. 화면해설은 내 동생처럼 이해력이 떨어지는 발달장애인에게 영상 속 상황을 알기 쉽게 전달해 주는 역할을 할 수 있다. 기본적으로는 시각장애인을 위한 서비스지만 '장면의 내용을 설명해 준다'는 점에서 인지능력이 떨어지는 지적장애인이나 뇌병변장애인들, 노인들이 영상을 시청하는 데에도 도움이 될 수 있다. 이처럼 여러 사람에게 공평히, 두루 유용하다는 점에서 화면해설 서비스는 '유니버설 디자인'의 하나라고 할 수 있다.

그러고 보니 나 역시 '화면해설'이 뭔지도 몰랐던 아주 오래 전, 화면해설을 '우연히 들었던' 적이 있다. 나는 종종 동생과 함께 시각장애인 안마사의 집에 가서 안마를 받곤 했는데 그때 집 안 TV 소리에 섞여 화면해설을 들었던 것 같다. 안마를 받는 동안은 눈을 감고 있었는데 간간이 설명하는 소리가 들려서 어떤 장면이 나오고 있는지 머릿속으로 떠올려 볼 수 있었다. 그때는 그저 '라디오 소리인가? 심심하지는 않네.'라고 단순히 생각했었는데 아마도 화면해설로 제작된 드라마였거나 다큐멘터리가 아니었을까 싶다.

내가 예전 기억을 떠올리며 생각한 것은 화면해설을 유니버설 디자인 관점에서 생각했을 때 영상을 집중해서 볼 여건이 안 되는 비시각장애인들에게도 충분히 도움이 되는 부분이 있다는 점이었다. 나처럼 마사지를 받느라 눈을 감고 있어야 하는 상황이라든지, 거실 TV를 틀어 놓은 채 주방에서 설거지를 한다든지, 방에서 다른 일을 하고 있을 때 화면해설로 TV 속 장면이 설명된다면 화면을 보지 않고도 상황을 알 수 있으니 좋지 않을까? 또 드라마나 영화를 감상할 때 여러 시각적 정보 중 미처 알아채지 못했던 '단서'나 '떡밥'을 화면해설을 통해 알게 되어 극을 더욱 재밌게 감상하게 될 수도 있지 않을까?

화면해설은 시각장애인에 대한 이해가 필요한 교육 현장에서도 유용할 수 있다. 복지 분야 일선에서 일하는 사회복지사나 시각장애인을 담당하는 장애인 활동지원사의 장애인식 개선 교육을 할 때 활용할 수도 있을 것이다. 또 학교에서도 '장애'를 주제로 수업할 때, 화면해설로 제작된 영상물 중 학생들의 흥미를 끌 만한 애니메이션이나 영화를 보여줄 수 있지 않을까. 이때 교사가 "화면해설 영상물은 장면 설명이 필요한 사람들을 위한 서비스인데, 학생 여러분들은 해설을 들으며 영상을 감상하니 어떤 기분이 들었나요?"라는 질문을 한다든지, 눈을 감고 영상을 감상하게 해서 화면해설의 효용성을 잠깐이나마 체험해 보게 하는 건 어떨까? 이런 활동은 학생들이 시각장애에 대해 좀 더 이해할 수 있는 계기가 되어줄 것이다.

나는 '시각장애인을 위한 화면해설 방송'이라는 고정된 프레임에 갇히지 않는다면, 그리고 화면해설 서비스를 폭넓게 제공할 수 있는 환경이 갖춰진다면 화면해설을 적용할 수 있는 영역이 지금보다 훨씬 더 넓어질 수 있을 것이라 생각한다. 그렇게 된다면 화면해설작가들의 활동 영역도 더 넓어질 수 있을 것이다.

• • •

물론 지금도 여러 화면해설작가들이 오페라나 뮤지컬 같은 공연 해설, 책에 그려진 그림 해설, 전시 작품에 대한 해설, 문화재에 대한 해설 등 '일반적인 방송' 외의 영역에서 여러 가지 작품 활동을 하고 있다.

'유니버설 화면해설'은 쉽게 말해 '장애 유무와 상관없이 다 함께 즐길 수 있는, 모두에게 필요한 다양한 해설 콘텐츠'다. 나는 '시각적인 정보에 대한 해설'이라면 무엇이 되었든 화면해설의 영역이 될 수 있다고 생각한다.

화면해설의 미래를 상상할 때면, 난 시각장애인이든 비시각장애인이든 상관없이 마치 마트에서 물건을 고르듯, 음원 사이트에서 노래 한 곡을 사듯 원하는 화면해설 작품을 골라 듣는 세상을 떠올리곤 한다. 예를 들어 인터넷에서 웹툰을 보거나 웹소설을 읽을 때도 '그림 해설이 있는 버전'을 아무렇지 않게 선택하여 대여하거나 소장하는 것도 가능하지 않을까. '모두에게 유용한 화면해설'이라는 개념이 잘 자리 잡기만 한다면 화면해설 서비스가 대중화되는 것도 그리 먼 미래의 일은 아닐 것이다.

또한 '화면해설 서비스'가 대중화되어 언제 어디서나 접할 수 있게 되면, 개개인의 취향이나 욕구에 따라 다양하게 제작된 여러 가지 버전의 화면해설을 그때그때 손쉽게 즐길 수 있을지도 모른다. 같은 내용의 화면해설 영상물이라고 해도 원고에는 작가와 성우가 가지고 있는 그 특유의 개성, 아우라가 배어 나오기 마련이다. 그래서 나는 전혀 다른 작가와 성우의 조합이라면, 같은 내용의 화면해설 영상물에서 전혀 다른 '해설의 맛'을 느낄 수 있을 거라 생각한다. 마치 코카콜라와 펩시콜라의 맛이 다르듯이.

화면해설 영상은 원칙적으로 시각장애인의 방송접근권 보장 차원에서 제작되는 것이다. 그 과정에서 많은 화면해설작가들이 원 영상에 담긴 여러 소리들, 여러 시각적 정보들을 어떤 기준으로 취사선택할지 고심하고 여러 자료를 찾아보면서 원고를 쓰고 있다. 이렇게 심혈을 거쳐 만들어진 화면해설 영상물이지만, 아직까지 대부분의 비시각장애인 귀에는 '방해가 되는 시끄러운 소리'로 인식되는 게 현실이다.

하지만 시각장애인이 아니더라도 우리 주변에는 눈이 나쁜 사람이나 치매 노인 등 화면해설이 꼭 필요한 사람들이 많이 있다. 사람들이 '유니버설 관점에서의 화면해설'은 '모두에게 필요한 해설 콘텐츠'라는 점을 인식한다면, 미래에는 다양한 화면해설 서비스를 손쉽게 접할 수 있는 세상이 오리라 믿는다.

2부

세상을 들려준다는 것의 의미

1장

"오늘은 키스도 좀 적당히 해…."

권성아

드라마나 영화는 장르가 다양하다. 멜로, 액션, 범죄, 미스터리, 스릴러, 탐정, 코믹, 호러, 판타지, 의학, 사극, 정치, 시트콤…. 무수히 많은 장르가 있고, 요즘은 한 장르를 고집하기보다는 코믹과 로맨스를 합치거나 판타지와 사극을 합치는 등 복합적인 장르도 많은 편이다.

그중에서도 가장 흔한 장르라면 역시 멜로다. 멜로는 주로 두 사람이 만나 호감이 사랑으로 발전하다 어느 순간 오해가 생기고, 그걸 극복한 뒤 해피엔딩을 맞이하는 내용이 큰 줄기인 경우가 대부분이다. 솔직히는 그다지 공감이 가지 않을 때도 많고 식상하기도 해서 나는 멜로 장르에 거의 흥미를 느끼지 못한다.

하지만 화면해설작가가 된 뒤로는 멜로에서 자유로울 수가 없다. 내가 장르를 선택할 수 없다는 뜻이다. 드라마가 특히 그런 편인데, 큰 변동이 없는 한 특정 방송국의 드라마를 한번 맡으면 계속 후속 작품을 이어가는 시스템이기 때문이다. 몇 개월 내지는 1년 넘도록, 그 방송국, 그 요일, 그 시간에 편성되는 드라마를 계속 담당할 수도 있어서, 후속 작품이 멜로라고 해서 안 할 수는 없다.

• • •

보통 16부로 만들어지는 드라마는 일주일에 두 편씩 방영하면 두 달 정도 이어진다. 단순하게 계산해도 1년이면 여섯 편이다. 그중 내가 선호하는 스릴러나 범죄, 미스터리 장르에 속하는 작품은 그다지 많지가 않다.

나는 피와 살점이 튀는 종류는 별로지만 촘촘하게 이야기를 전개해 나가면서 범인을 찾거나 은폐된 사건의 진실을 파헤치는 내용을 좋아하는 편인데, 그동안 내가 화면해설을 했던 40여 편에 조금 못 미치는 드라마 중에서 좋아하는 장르의 드라마는 한 손으로 꼽을 정도다. 나머지는 '정통 멜로' 아니면 다른 장르가 섞인 멜로였다.

별로 좋아하지 않는 장르라도 일이니 그냥 할 수도 있다. 그런데 멜로는 화면해설을 쓸 때 봉착하게 되는 문제가 있다. 남녀 주인공이 설렘 가득한 눈빛으로 서로를 바라보고, 손을 잡기까지 스칠 듯 말 듯 몇 차례 머뭇거리는 장면들이 지나가고, 때로는 오해로 눈물을 흘리고, 그러다 모든 난관을 극복하고 사랑이 이루어지면 마침내 입맞춤을 나누고, 베드신까지. 흔히 떠올리는 멜로 장르의 장면들이다.

이 장면들의 공통점이라면, 대사가 없다는 점. 배경음악과 몸짓으로 분위기를 표현한다. 어떤 말보다도 몸짓과 음악이 큰 감동과 울림을 준다는 건 안다. 그런데 그게 나에게 닥친 문제일 때, 바로 화면해설을 써야 할 때는 이만저만 괴로운 것이 아니다.

'아, 오늘 회차에는 제발 멜로 눈빛 좀 그만 나와!'

'오늘은 키스도 좀 적당히 해….'

이런 소망을 품고서 영상을 재생한다. 바람은 바람일 뿐, 여지없이 배우들은 멜로 눈빛을 발사하고, 키스는 이어진다.

"아우, 제발 좀 그만 쪽쪽거려." 하는 말이 나도 모르게 튀어나온다. 아니면 "이것들아, 차라리 그냥 키스를 해! 그만 쳐다보고!"라는 말을 나도 모르게 발산하고 만다. 게다가 그런 장면들은 또 왜 그리 긴지, 온갖 아름다운 문장들을 갖다 붙여 봐도 해결이 나지 않는다.

이런 장면이 30초 동안 이어지는데 "두 사람이 그윽하게 서로를 바라본다." 한마디 하고 해설을 끝내면 아무리 배경음악이 흐르고 있어도 뒤에 남는 소리의 빈틈은 화면해설에서 방송사고나 마찬가지다. 남녀 주인공이 서로를 바라보는 게 전부일지라도 대부분의 비시각장애인들이 무심코 흘려버릴 수 있는 미세한 표정의 변화나 눈동자의 떨림, 몸짓을 찾아내 해설해야 한다. 그래야 해설만 듣고도 주인공들의 감정을 오롯이 느낄 수 있을 테니까.

드라마 〈스물다섯 스물하나〉에 이런 장면이 나온다.

희도가 지나쳐 가는 이진의 팔을 잡는다.
이진의 눈길이 희도의 손에서 천천히 희도의 얼굴로 향한다.
희도는 이진의 눈을 피하지 않는다.

희도　너는 뭔데?

이진은 팔을 붙잡힌 채로 희도의 말을 듣고 있다.

희도　우리 관계 정의하는 거 넌 고민 안 했다면서.

이진은 선뜻 대답하지 못한다.

희도　니 답은 뭐냐고.

희도는 이진의 대답을 간절하게 기다리고 있다.

이진　…무지개는 아니야.

이진이 커다란 손으로 희도의 손목을 감싸 쥔다.
그러곤 자신의 팔에서 희도의 손을 떼어내,
그대로 손목을 꼭 잡고 있다.
희도가 이진에게 잡혀 있는 손목을 내려다본다.

이진　나희도.

희도는 떨리는 눈빛으로 이진을 올려다본다.
이진의 떨리는 눈동자도 희도만을 향해 있다.

큰 동작도 없고 몇 마디 대화를 나누며 서로를 바라보는 장면이었다. 그러다 보니 그들의 감정을 표현하기 위해 두 배우의 몸짓과 눈빛에 집중할 수밖에 없었다.

• • •

정통 멜로가 아닌 장르, 예를 들어 의학과 멜로, 오피스와 멜로, 학원물과 멜로 등의 복합장르는 그나마 작업하기 괜찮은 편이다. 사건도 끊임없이 벌어지고 대사도 많다. 이런 드라마에도 흔히 멜로 요소가 있기는 하지만 '적당한' 수준이다.

그런데 드라마 한 편이 60분이라고 하면 〈밥 잘 사주는 예쁜 누나〉 같은 정통 멜로 드라마는 남녀 주인공이 많은 분량을 차지하고 등장한다. 그 분량 내내 남녀 주인공이 대사보다는 눈빛과 표정, 몸짓으로 감정을 표현한다면 화면해설을 쓰는 동안 내가 숨이 막힌다. 더 이상 묘사할 문장도 떠오르지 않고, 계속 비슷한 표현을 반복하는 내가 싫어지기까지 한다.

〈밥 잘 사주는 예쁜 누나〉처럼 배우들이 연기라도 잘하면 어떻게든 쥐어짜내 볼 텐데, 배우들이 연기까지 못한다면 설상가상이다. 죽을 만큼 사랑한다는데 눈빛이 친구를 볼 때나 연인을 볼 때나 그게 그거면 어쩌란 건지. 정말 모니터를 끄고 싶은 기분이 든다. 그렇게 스트레스 가득한 시간들이 이어지다 보니 더는 안 되겠다 싶었다. 내가 좋아하는 화면해설이 나를 이렇게 힘들게 하는 상황을 더는 두고 볼 수 없었다.

'그래 마음을 바꿔 먹자! 내가 멜로를 사랑하면 되지 뭐.'

싫은 건 싫은 거고, 화면해설작가는 달콤하고 설레는 장면을 그렇게 느끼게 해줘야 할 의무가 있다.

로맨스 소설을 찾아 읽기 시작했다. 또 선배 작가들이 화면해설을 한 작품 중에서 달달한 장면 묘사들을 수집했다. 그리고 그런 묘사들을 내가 맡은 작품에도 적용했다. 처음에는 죽을 것같이 힘들고 어색했던 멜로 장면들을 어느 순간 즐기기 시작했다.

'그래그래, 더 달콤하고 더 설레게, 더 숨 막히게!'

'어떻게 하면 더 숨멎하게 묘사할 수 있을까?'

'쪽쪽 소리는 살리고 눈빛을 강조하자.'

'남자 주인공의 넓고 탄탄한 가슴과 커다란 손은 꼭 써줘야지.'

'여자를 으스러질 듯 안을 때 남자의 팔뚝에 불끈 솟은 저 핏줄은 빼먹지 말자.'

매번 작품을 대할 때마다 새롭고, 매번 곤혹스럽고, 매번 진땀을 흘리면서 해설을 써나간다. 그래도 이제는 드라마가 이어지는 두 달 동안 멜로를 사랑하는 법을 터득했고, 즐기는 법도 깨달았다.

'음… 저 배우는 멜로 눈빛을 장착했네. 매력 있다.'

'눈에서 꿀이 떨어지네. 으이그, 그렇게 좋아?'

'아우! 복근 만드느라고 고생했겠다…. 근데 너무 과한 거 아니니?'

이런 혼잣말을 하기도 하면서 큰 스트레스 받지 않고 지루하지 않게 작업을 하려고 노력한다.

"오늘은 키스도 좀 적당히 해…."

멜로 작품을 쓸 때, 한 회 한 회를 시작하면서 주문처럼 읊조리는 말이다. 그래도 이제는 나름 자신감이 생겼다. 키스를 '과하게' 하더라도 설레고 달달하게, 연애 세포가 팍팍 살아나게 해설하리라!

2장

로맨틱한 언어에 가슴이 뛰는 사람들

이진희

"개인적으로 〈구경이〉를 드문드문 봤을 땐 재미있는지 몰랐는데 이번 화면해설을 통해 〈구경이〉 1화를 감상해 보니 조만간 정주행할 각입니다."

안도의 호흡이 터져 나왔다. 드라마 〈구경이〉는 굉장히 실험적인 드라마였다. 보험조사관인 주인공이 시청자를 향해 윙크를 날리고 연극무대 같은 공간에서 사건을 재연해 가며 추리하는 데다 난데없이 CG가 튀어나왔다. 이해되도록 쓸 수 있을까 고민하면서 작업했다.

그랬던 터라 모니터링 결과에 유난히 긴장했는데, 다행이다 싶었다. 대단히 만족스러웠다는 모니터링을 받아내진 못했지만, 그래도 드라마를 온전히 이해시켰다는 데 만족했다. 내가 해내야 할 일은 바로 그것이었으니까.

우리가 일하고 있는 한국시각장애인연합회에서는 화면해설

방송에 대한 모니터링 작업을 꾸준히 하고 있다. 모니터 요원들은 당연히 시각장애인들이다. 뛰어나고 섬세한 문장력을 지닌 작가도 화면해설에 입문했을 땐 문장력을 자랑하기 위해 글을 쓰지 않는다. 우리의 목적은 단 하나, 시각장애인들이 작품을 제대로, 즐겁게 감상할 수 있도록 해주는 것이다.

그렇기 때문에 '해설이 너무 좋습니다', '해설이 방송에 어우러져 해설 방송을 듣고 있다는 자각을 하지 못했습니다' 같은 최고의 찬사도 좋지만, '이 방송이 이렇게 재밌는지 몰랐다', '세세한 화면해설 덕분에 몰랐던 정보를 알게 됐다', '화면해설이 더해지니 방송이 훨씬 더 흥미롭다' 같은 모니터링만으로도 우리에게는 더할 나위 없는 보람을 안겨준다.

그런데 작가들의 문장력과 반짝이는 표현은 엉뚱한 곳에서 인정을 받았다.

"너무 달달한 거 아님? 완전 로설(로맨스 소설)!"

"화면해설작가들 최소 배우신 분들!"

"장면이 하나하나 다 그려져, 어뜩해, 너무 좋아~"

"블딥(블루레이+DVD)에 해설 넣어주면 안 되나? 소장하고 싶음."

"걸을 때 들으면 라디오 드라마 같고, 완전 좋아."

"드라마랑 완전 찰떡이야. 소설을 귀로 듣는 것 같아~"

"아악~ 듣기만 해도 너무 설레~"

우연히 화면해설을 검색하다가 만난 이 반응들에 처음엔 놀랐고, 그다음은 웃음이 터졌다. 흔히 '덕후'라고 표현하는 드라마 마니아들의 반응이었다. 누군가 화면해설 부분을 텍스트로 옮겨 캡처한 장면과 함께 올리거나, 화면해설 방송 일부를 음성 파일로 올리면 여지없이 이런 댓글들이 달렸다. 나는 뒤늦게 발견한 터라 이런 걸 알고 있는지 다른 작가들에게 물어보니, 이미 알고 계신 분들이 여럿 있었다.

어쩌다 발견한 것으로 추측되지만, 드라마 덕후들 사이에선 화면해설이 좀 알려진 편인 것 같다. 로맨스 소설을 소비해 봤거나 로맨스 드라마를 씹고 뜯고 맛보는 걸 즐기는 여성들이 주였다.

처음엔 너무 신기했고, 피드백에 목마른 우리에게 단비 같은 반응이라 기분이 좋았다. 시각장애인을 위한 방송이지만, 이게 비시각장애인들에게도 권할 수 있는 방송이라는 걸 새삼 느꼈다고나 할까. 비시각장애인 중에서도 간혹 시선을 내내 TV에 고정할 수 없을 때 화면해설 도움을 받는다는 짧은 언급들은 봐왔지만, 이렇게 본격적으로 화면해설을 찾아 듣는 사람들이 있다니 그것만으로도 감격스러웠다.

• • •

나는 2011년에 3기 교육을 받은 뒤 잠시 활동하고 나서 건강상의 이유로 이 일을 오랫동안 쉬었다. 그러다 2018년에 돌아와 보수교육을 거친 뒤 라디오 작가 일을 완전히 접고 화면해설에 정착했다.

그렇게 긴 공백 끝에 돌아왔던 내가 드라마에 재입문했던 작품은 2020년에 방영한 장르물 〈카이로스〉였다. 그리고 두 번째 드라마에서 드디어 피하기 힘들다는 로맨스 드라마를 만났다. 사랑하는 선배가 양다리에 이용당한 걸 알게 된 직진 연하남의 스토리, 〈선배, 그 립스틱 바르지 마요〉였다.

여전히 로맨스물에 마음이 울렁이는 나지만, 로맨스물을 '쓴다'는 건 다른 문제다. '연애'나 '로맨스 드라마'는 좋아해도 '로맨스 소설'은 딱 싫어했던 내 지난날을 후회했다. 학창 시절 그 흔한 하이틴로맨스 한번 읽지 못한 것도 아쉬웠다. 30대에 들어서 팬픽이라는 걸 처음 경험했는데, 그것도 잠시였을 뿐, 깊이 파고들지 못했다.

그러다 보니 내 글이 너무 건조하진 않을까, 설레는 느낌이 잘 전달될까, 늘 우려하면서 로맨스 드라마를 작업했다. 부끄러운 내 해설은 제발 덕후들 레이다망을 피하길 바라면서.

현승의 집 2층 침실에 현승의 카디건이 떨어져 있고
두 사람은 열렬히 키스를 이어가고 있다.
송아는 침대에 걸터앉은 현승에게 안겨 그의 목을 팔로 감고,
뜨겁게 입을 맞춘다.
현승이 그런 송아의 허리를 더 부드럽게 당겨 안는다.

"아, 이 디테일 무엇. 카디건이 떨어져 있대~~ 너무 설레."

정말 이 반응 무엇! 얼굴이 화끈거렸다. '로맨스 드라마'였던 탓도 있고, 주연배우가 단단한 팬덤을 형성하고 있던 경우이기도 해서 내 바람과는 달리 내 해설도 덜컥 덕후들의 레이다망에 걸렸다. 어차피 방송을 통해 누군가의 감상을 위해 쓰는 원고임에도 이게 텍스트화되어 돌아다닐 때에는 조금은 낯선 느낌이 었다.

라디오 작가를 할 때 내가 쓴 오프닝 멘트를 블로그에 올리는 프로그램 팬이 있었는데, 그때의 낯 뜨거움이 다시 올라왔다. 그때나 지금이나 내 방송을 당당히 찾아 듣지 못하고 약간 낯가리는 사람인지라 모두가 볼 수 있는 게시판에 내 글이 떡하니 올라왔을 때의 당황스러움이란. 그래도 곰곰이 생각하면 기분 나쁠 일은 아니었다. 오히려 생각할수록 기분 좋은 일에 가까웠다.

• • •

드라마 덕후들은 화면해설 방송을 n차 관람용으로 소비한다. 예전엔 TV 지상파 채널에서 음원을 추출해 오디오 콘텐츠로 활용해 왔는데, 요즘엔 OTT의 화면해설을 알게 되면서 좀 더 이용이 쉬워진 듯했다. 내가 작업한 〈사내맞선〉은 OTT에서도 만나볼 수 있는데, 드라마 종영 후에 팬들끼리 화면해설 버전으로 음성단관을 한다는 사실을 알았다.

"달콤한 눈길로 하리를 보며 다정하게 얼굴을 감싼다…. 해설 미쳤다."

"흔들림 없는 눈빛으로 직진 ㅠㅠ 아, 왜케 설레."

이런 로맨틱한 언어뿐 아니라 사소하게는 '미친 듯이 질주', '빙그르르 턴', '젠틀한 미소'처럼 디테일이 살아 있는, 적재적소에 들어간 꾸밈말들에 팬분들이 하하호호 웃는 걸 발견했다.

영상을 한 번 본 시청자들이 즐겨주니 제대로 썼다고 인정해 주는 느낌이었다.

주로 화면해설 방송은 재방송 때 한두 번 방송되고 그대로 묻히는 경우가 많은데, 화면해설의 나아갈 방향을 드라마 덕후들이 다시 제시해 준 기분이다. 나의 작업을 꾸준히 누군가 들어주는 사람이 있다는 건 무언가를 만드는 사람으로선 당연히 기분 좋은 일이다.

우리가 이 책에서 계속 얘기하고 있듯 화면해설은 작가들의 시간과 노력을 쏟아 만든 또 하나의 작품이다. 이 작품들이 앞으로 오디오 콘텐츠로 확장될 수 있기를 바라는 마음, 결코 과한 것은 아니라 믿는다.

3장

폭포라고 다 같은 폭포는 아니니까

임현아

어릴 때 찍었던 사진을 정리하다가 미국 여행을 갔을 때 나이아가라 폭포에서 찍은 사진을 발견했다. 사진을 보니 폭포를 직접 봤던 그날의 기억이 손에 잡힐 듯 생생하게 떠올랐다. 한눈에 다 담을 수도 없는 웅장한 폭포, 바로 옆에서 사람이 아무리 크게 떠들어도 쉴 새 없이 쏟아지는 물소리에 하나도 들리지 않던 일, 새하얀 물줄기를 따라 폭포 아래를 내려다보면 그 안으로 빨려 들어갈 것만 같았던 기억, 물보라 사이로 흐릿하게 보이던 무지개, 온몸에 물방울이 튀어서 우비를 입고 있던 일까지….

사진을 보다가 순간 멈칫했다. 오래전, 여행 관련 다큐멘터리를 쓸 때 폭포에 대한 해설을 썼던 일이 생각나서였다. 나는 폭포를 해설할 때 시각장애인들에게 그 모습을 온전히 전달했나? 내가 쓴 해설을 들은 시각장애인들은 머릿속에 폭포의 모습을 어떻게 그려냈을까? 나는 폭포의 다양한 모습들을 생생하게, 충분히 구체적으로 묘사했다고 자신할 수 있나?

폭포에 대해 예전에 썼던 해설 원고를 다시 찾아 읽어봤더니 '폭포수가 하얀 포말을 일으키며 절벽 아래로 떨어져 내린다'라는 식의 '무난한' 해설이 적혀 있었다. 나이아가라 폭포에도, 천지연 폭포에도 쓸 수 있는 그런 해설 말이다. 어디에나 어울리는 무난한 해설은 결과적으로 아무 특징 없는, 있으나 마나 한 해설이 되기 쉽다. 작가는 화면해설 문장 속에 그 장면만의 특징을 오롯이 담아낼 수 있어야 한다. 나는 그 사실을 너무 늦게 깨달았다.

• • •

세상에는 수많은 폭포가 있다. 세계 3대 폭포로 꼽히는 '나이아가라 폭포'나 '이구아수 폭포'처럼 유량이 많고 폭이 넓은 폭포도 있고, '앙헬 폭포'처럼 아주 높은 데서 떨어지는 폭포도 있다. '틸러쑤 폭포'처럼 물줄기가 바위를 타고 흘러내리는 모습이 툭툭 끊어져 보이는 계단식 폭포, 천지연 폭포처럼 폭이 좁고 낙차가 크지 않은, 유량이 적은 폭포까지….

폭포는 저마다의 특색을 갖고 있다. 화면해설을 쓸 때는 이러한 폭포의 특징들이 명확하게 드러나도록 구체적으로 써야 하는데 내 예전 원고에는 그런 특징들이 잘 드러나지 않았다. 물론 주어진 해설 공간이 부족한 장면이라 어쩔 수 없는 경우들도 있지만 좀 더 '구체적으로, 명확하게 썼어야 하는데….' 하는 후회와 아쉬움이 남는다.

오래전 원고들을 들춰보면 매사에 어설펐던 햇병아리 작가 시절의 내가 보인다. 화면해설에 대해 잘 모르던 시절, 긴 밤을 하얗게 불태우며 치열하게 썼다고 생각했던 문장 하나하나가 지금 보면 미흡한 것투성이라 쓴웃음을 짓게 된다. 전체 장면의 흐름에 맞춰 자연스럽게 연결되도록 해설 문장을 썼어야 하는데, 영상에서 보여주는 순서대로, 곧이곧대로 해설을 썼던 것이다.

예를 들어 해를 보여주는 장면에 이어 아이들이 마당에서 노는 장면이 나온다고 하면, '따사로운 햇볕이 내리쬐는 오후, 아이들이 집 마당에서 놀고 있다.'고 쓰면 된다. 그런데 나는 '따사로운 햇볕이 내리쬔다.', '아이들이 집 마당에서 놀고 있다.'와 같은 식으로 써두었다. 이렇게 두 장면을 따로따로 서술하면 개별적인 장면만 놓고 봤을 때 틀렸다고는 할 수 없지만, 영상 전체의 흐름을 고려하면 딱딱 끊어지고 어딘지 어색하게 느껴지는 해설이 되고 만다.

• • •

언젠가 밤샘 작업을 하다가 졸음이 몰려와 나도 모르는 사이 이상한 해설 문장을 쓴 적도 있다. 마감 직전 원고를 최종 검토하다가 화들짝 놀라 잠결에 잘못 쓴 해설들을 고친 적이 한두 번이 아니다. 작가로서 역량을 키우고 이런 실수들을 하지 않게 되기까지 많은 시간이 걸렸다. 지금 생각해 보니 이렇게 미흡한 원고를 쓰던 내가 10년을 버텨내고 지금 이 자리에 있다는 것이 뿌듯하기도 하고, 얼굴이 화끈거리기도 한다.

나는 화면해설 원고를 쓸 때, 실수를 하지 않기 위해 부단히 애를 쓴다. 원고를 쓰는 과정에서, 또 성우가 녹음하는 제작 과정에서 걸러내지 못한 실수는 그대로 방송 사고로 이어지기 때문이다. 예를 들어 '북파 공작원'을 '북한 공작원'이라고 하면 완전히 반대의 뜻이 되어버린다.

이처럼 토씨 하나 차이로 해설 문장의 뜻이 완전히 달라져버리기도 하고, 중의적인 문장이 되어버리기도 한다. 눈으로 읽을 때는 이상하지 않던 해설 문장이 소리 내어 읽어보면 듣기에 거슬리는 경우도 있다. 작가의 실수로 오로지 소리로만 정보를 판단할 수 있는 시각장애인들에게 잘못된 정보를 제공하게 된다면 돌이킬 수 없는 일이 벌어질 수도 있다.

또 화면해설작가는 제작 현장에서 엔지니어와 성우가 작업하기 편하도록 원고를 써야 한다. 엔지니어가 녹음하기 쉽게 정확한 타임코드를 적어야 하고, 해설이 들어갈 위치를 알기 쉽게 기재해야 한다. 성우가 읽기 쉽도록 호흡에 따라 끊어 읽는 표시를 한다든지 줄을 바꾸고 숫자나 영어가 나오면 발음도 표시해야 한다. 이런 부분들을 세심하게 체크하지 못하면 제작할 때 차질이 생길 수도 있다.

전에 성우가 숫자를 어떻게 읽어야 하는지 발음을 원고에 명시하지 않아 피드백을 받은 적이 있다. '하나, 둘, 셋, 넷'으로 읽어야 하는지 '일, 이, 삼, 사'로 읽어야 하는지를 명시하지 않고 자막에 나온 대로, "1, 2, 3, 4" 숫자로만 쓴 탓이었다. 그 때문에 성우와 엔지니어가 앞 장면을 다시 돌려보며 내레이션에서 이 단어를 어떻게 읽었는지 일일이 확인하는 절차를 거쳐야 했다는 이야기를 들었다. 이야기를 듣는 순간 아차 싶었다. 원고를 쓸 때 실수하면 제작 현장에서 무슨 일이 생기는지 알게 된 이후, 나는 원고를 더욱더 철저하게 검토하게 되었다.

원고를 검토할 때 고려할 사항은 너무도 많다. 해설 문장의 길이가 너무 긴지 짧은지, 주어진 해설 공간보다 넘치게 쓴 건 아닌지, 비문은 없는지, 사물의 명칭을 잘못 쓴 건 아닌지, 오타는 없는지, 해설을 썼는데 뺄지, 추가할지, 해설 넣는 위치를 바꿀지….

나는 이 작업을 '맞춰보기'라고 부른다. 이 지난한 '맞춰보기'를 마감하는 그 순간까지 반복하고 '이만하면 됐다'고 느낄 때 비로소 원고를 제출한다. 나에게 퇴고는 '더 잘 쓰기' 위한 시간이기도 하지만 '잘못 쓰지 않기' 위해서, '실수하지 않기' 위해서 더 노력하는 시간이다.

해설을 쓸 때 실수했던 기억은 오래도록 마음속에 남는다. 때론 내가 잘못 쓴 해설 문장 하나가 나비효과를 일으켜 그 해설을 접한 다른 사람의 삶에 커다란 문제를 일으킬 것만 같은 생각이 들 때도 있다.

'여기까지인가? 내가 화면해설작가 자격이 없나? 앞으로 해설을 어떻게 써야 하지…?'

별별 생각이 다 든다. 실수에 대한 두려움 때문에 해설을 쓰기 힘든 날도 많지만 그럼에도 불구하고 나는 다시 컴퓨터 앞에 앉아 화면해설 원고를 쓰고 있다. '아, 이 장면에 이 표현을 쓸 걸.' 후회하며 이불을 걷어차게 될지라도, 뒤늦게 원고를 수정해서 다시 올리고픈 마음이 마구 샘솟더라도, 엔지니어에게 연락해 재녹음을 부탁하고 싶은 일이 있더라도 뼈아픈 실수를 했던 기억 속에 매몰되어 있어선 안 된다. 다람쥐 쳇바퀴 돌듯 새로운 프로그램과 새로운 화면해설 원고와 씨름해야 하니까.

4장

내가 느낀 것을 당신도 느끼기를 바라며

이진희

작년에 방영했던 〈런 온〉이라는 드라마에서 외화 번역가인 여주인공 캐릭터를 소개하는 글에 이런 문장이 있었다. "같은 장면을 수없이 되감기하는 번역의 세계에 살고 있다." 그때, 무릎을 탁 쳤다. 이 문장에 '번역' 대신 '화면해설'만 넣으면 바로 우리 일에 대한 설명이 되기 때문이었다.

작가마다 작업 스타일이 조금씩 다른데, 우선 나는 다큐멘터리와 예능은 처음부터 차근차근 해설을 해나간다. 그리고 영화와 드라마는 대본 정리(신이 뒤죽박죽일 경우 정리하면서 지문을 지우는 등의 정돈 작업)를 하면서 길이에 상관없이 우선 공간을 잡아 중요 해설을 다 써보는 1차 작업을 한다. 그리고 2차 작업 때 길이와 문장을 정돈한다.

이렇게 완전한 해설이 나오기까지 우리는 같은 장면을 수도 없이 돌려본다. 무엇을 해설할 것인가를 정하기 위해, 또 문장

길이를 위해. 만약 정지 화면처럼 달라진 게 없는데도 화면엔 고스란히 비치고 있다면, 다시 돌려본다. 혹시 바람에 나뭇잎이 나부끼지는 않는지, 태양이 특별한 그림자를 만들진 않는지, 날은 흐리진 않는지, 배경으로 보이는 것들을 샅샅이 뒤진다. 공간이 비어서 해설을 다 채워야 한다는 강박 때문만은 아니다. 더는 해설해 줄 게 없다면 그저 공백을 느끼게 하는 것도 나쁘지 않다.

우리가 이렇게 끝없이 살피고 놓치는 게 없는지 꼼꼼하게 보는 이유는 무엇일까. 비시각장애인이 단숨에 흡수하는 시각 정보를, 시각장애인에게도 최대한 많이 전달하기 위해서다. 또, 내가 보고 느낀 것들을 고스란히 전해주고 싶은 마음 때문이다. 그러다 보니 화면해설작가들은 '꼼꼼함', '끝까지 파고드는 집요함'이 꼭 필요한 직업이다. 으레 사람들이 보고 싶은 것만 본다고 하듯, 조금만 화면을 대충 봐도 실수할 일들이 너무 많아서다.

• • •

드라마 〈D.P.〉를 작업할 때였다. 탈영병을 체포하는 헌병인 준호(정해인 분)가 탈영한 선임병 석봉(조현철 분)을 고속버스에서 찾아내는 장면이 있다. 내게 주어진 대본에선 대폭 수정된 장면이었다. 다른 장면도 물론이지만 치고받고 몸싸움을 벌이는 신은 빠른 흐름 속에서도 인과관계를 살릴 수 있도록 노력해야 한다.

대본의 도움을 받지 못했던 그 신을 처음 봤을 땐 두 사람이 싸우는 걸로만 인식했다. 그러나 곧 준호는 폭력을 쓰지 않은 채 석봉을 붙잡으려던 것이었고, 석봉은 어떻게든 준호를 떨치고 뛰쳐나가려는 것임을 알 수 있었다.

석봉이 그대로 준호를 업어치기한다.
(쾅) 준호가 신음을 흘리면서도 석봉을 놓지 않는다.
그러곤 뿌리치고 가려는 석봉을 뒤에서 꽉 안는다.
석봉이 그 손을 풀고 준호를 내동댕이치지만
준호는 뛰쳐나가려는 그를 계속 붙잡는다.

금세 파악할 수 있는 신이긴 하지만 캐릭터와 캐릭터가 처한 상황을 잠깐만 놓쳐도 잘못 해설할 수 있는 부분이다. '잘 보는 것'만큼 캐릭터와 전체 작품을 이해하는 게 화면해설작가에겐 무척 중요하다. 아마 캐릭터들의 서사를 전혀 모른 채 이 장면만 누군가에게 탁 던져준다고 하면, 다양한 해설이 나올 수도 있을 것이다.

이 장면뿐이 아니다. 드라마나 영화에서는 그래서 캐릭터와 맥락 파악이 중요하다. 여기선 준호와 석봉의 관계, 그리고 준호의 성격들을 이해해야 폭력을 사용하지 않으려는 준호의 간절한 마음을 읽어낼 수 있다.

• • •

드라마 〈사내맞선〉은 정말 즐겁게 작업한 드라마였다. 시종일관 깔깔대며 웃다가 훅 들어오는 감정 신에 마음이 젖다가, 그야말로 작가와 연출가, 배우들이 들었다 놨다 하는 대로 나 역시 기분 좋게 따라갈 수 있는 드라마였다.

그런데 이런! 최종회를 남겨두고 브레이크가 걸렸다. 11회 후반부에 로맨틱코미디 드라마로서는 무척 파격적이게도 3분 동안 말이 없는 감정 신이 이어졌고, 그중 2분은 침대로 향하는 러브신이었다. 한마디로 베드신! 아찔했다. 심지어 베드신답지 않은 엄청난 동선이었다.

감정도 소화해야 하고 동선도 해설해야 하고, 소리가 날 땐 (이렇게 얘기하니 괜히 더 야하다. 간혹 쪽~ 하는 소리) 소리도 들어야 하고. 영상을 꽤 미리 받았는데, 한 2, 3주 끙끙 앓았던 것 같다. 참고가 될 만한 작품이 있으려나 찾아봤지만, 이런 로맨틱코미디에서 이 정도 수위의 러브신이 등장하는 드라마는 찾아볼 수가 없었다.

이 신을 두고 고민하던 나는 이런 메모들을 끄적였다. "참고할 만한 작품 없음. 캐릭터 감정선 신경 쓸 것, 이것은 로코임! 야하기만 해선 안 됨. 그렇다고 밋밋하거나 기계적으로 써도 안 됨."

중요한 신인데 혹여 후반부라 시간에 쫓길까 염려돼 미리 작업을 해두었다. 그 회차 내내 감정선을 쌓아온 두 주인공은 뜨거웠지만, 조금은 어색하기도 하고 조심스럽기도 했다. 그러나, 초반부엔 동선이 너무 많아 그 섬세한 것들을 다 담아내긴 어려웠다. 그저 '부드럽게 안고', '애틋하게 바라보고', '주체할 수 없는 감정을 토해내듯 깊이 입을 맞추고' 등등으로 이어가다가 마지막은 이렇게 마무리를 했다.

(눈 뜨면) 태무의 떨리는 눈길이 하리를 살피더니
그가 그녀의 허리를 감아 침대에 눕힌다.
조심스러운 그의 손은 하리의 머리를 쓰다듬고
열기에 취한 눈동자는 다시금 그녀의 입술에 닿는다.

반복되는 단어들을 정리하다 보니 마지막엔 '눈동자'라는 잘못된 단어를 선택했다. 눈동자가 닿는다니…. 눈동자는 입술로 향해 있어야 했다. 눈빛이 닿으면 몰라도.

'열기에 취한'도 고심에 고심을 거듭했던 표현이었다. 조금은 과하지 않을까 걱정도 됐다. 그런데 보는 사람들에게 호흡이 느껴질 만큼 뜨거운 감정 신이었고, 나는 그 느낌을 표현할 의무와 책임이 있었다.

중요한 신들은 이미 내 손을 떠나고 드라마가 끝났는데도 불구하고 계속 잡고 늘어지게 될 때가 있다. 어떤 표현이 좋았을까? 다른 작가라면 어떻게 썼을까? 정답은 없다지만, 스스로 만족스럽지 않은 해설은 두고두고 마음에 남는다. 그래도 누군가 '이게 최선입니까?'라고 묻는다면 나는 '네'라고 답하겠다.

내가 훌륭한 화면해설작가라고 스스로 자신할 순 없지만, 하나 자신 있게 말할 수 있는 게 있다면 그건 바로 늘 최선을 다해왔다는 점이다. 그럼에도 실수와 미흡했던 점들은 남는다. 그건 내가 완벽하지 못해서라고 변명을 해본다. 완벽해질 날이 있을까, 그런 날을 꿈꿔도 좋을 것인가, 에 대해서는 알 수 없지만.

〈사내맞선〉 베드신 이야기를 다시 하자면, 온에어on-air 당시엔 팬들도 정말 당황한 듯하다. 그토록 열광하던 작품에 정색들을 했고, 이런저런 불만의 말들도 쏟아져 나왔다. 그런데 웬걸, 반나절이 지나자 분위기는 조금씩 바뀌었고, 종영 이후에는 수도 없이 돌려보는 장면 중 하나가 된 걸 잘 알고 있다.

간혹 팬들끼리 드라마의 어떤 장면을 두고 이런 걸 서로 묻는 걸 본 적이 있다. "야, 이 장면 나만큼 본 덕들 있을까?" 혹시 이 베드신에 관해서도 이런 질문을 한다면, 자신 있게 손을 들겠다. "저요, 저요!!!"

5장

그 노랫말을 함께 듣고 싶기에

권성아

화면해설을 쓰다보면 노래에 관해 심각하게 고민에 빠질 때가 있다.

그 고민이 드라마나 영화일 때는 삽입된 노래의 가사를 어느 정도 살려야 할까 하는 문제이다. 장면에 따라, 노래 가사 한 소절이 작품의 느낌을 더 잘 살리기도 하고, 어떤 화면해설보다 더 훌륭할 때도 있다.

드라마 〈갯마을 차차차〉에서 주인공들이 첫 키스를 나누는 장면을 예로 들어보자. 여러 가지 사정으로 바닷가 마을에 치과를 개원한 치과의사 혜진과 그 마을의 홍반장 홍두식이 서로의 마음을 확인하는 장면에서, 나는 그때 삽입된 OST 〈Here Always〉의 노랫말을 화면해설 중간중간에 살려주었다. 혜진과 두식은 서로 사랑하게 됐지만 나름의 이유로 그 마음을 애써 외면하고 있다가, 자신의 마음을 깨달은 혜진이 먼저 폭발하듯 사랑을 고백하고, 두식도 자신의 마음을 보여주게 되는 장면이었다. 늘 서로를 그리워했던 두 사람의 마음이 노랫말에 잘 녹아 있어 가능하면 살려주고 싶었다.

혜진 "아무 말도 하지 마! 그냥 뭐 어떻게 해달라고 하는 거 아냐. 자꾸 내 마음이 부풀어 올라서 이러다간 아무 때나 뻥 터져버릴 것 같애."

혜진의 눈에 눈물이 고인다.

혜진 "나도 어쩔 수가 없어."

두식이 혜진의 손을 부드럽게 떼어내고
그윽한 눈빛으로 그녀를 바라본다.

(노랫말) ♬ 왠지 어색한

두식이 혜진에게 다가간다.

(노랫말) ♬ 혼자인 하루가….

두식이 혜진의 입술에 감미롭게 입맞춤을 한다.

(노랫말) ♬ 아무도 모르게 속삭이던 너를 부르며 헤매던 밤

두식이 입술을 떼어내고 맑은 두 눈으로 혜진을 바라본다.

두식 "나도. 나도 이제 더는…. 어쩔 수가 없다."

(노랫말) ♬ 내 안에 불어와 천천히 내게 I'm still

두식이 혜진의 얼굴을 부드럽게 감싸고
뜨겁고 깊게 입술을 포갠다.

(노랫말) ♬ 멈춰선 모든 순간에 널 그리워하며

밤바다에 비친 가로등 불빛이 보석처럼 반짝이고 있다.

화면해설이 들어가야 해서 조금씩 끊어지긴 했지만, 이 정도 노랫말은 살려줄 수 있었다. 실제로 화면해설 장면을 들어보면 해설 위주로 들리긴 해도 노래가 배경음처럼 깔려서 나오기 때문에 연결이 자연스럽다. 이런 경우는 소리의 밸런스를 잘 맞춰야 해서 편집하는 엔지니어의 역량이 중요하다. 이러한 점은 화면해설에 최적화된 엔지니어에게 일을 맡기고 싶은 이유 중 하나이기도 한다.

드라마 〈우리들의 블루스〉에서는 이런 장면이 나온다. 제주도에 사는 동석이 짝사랑하는 선아를 만나러 서울에 오는데 그때 하필 선아는 전남편과 아이를 만나고 있다. 동석은 초라한 자신의 모습을 깨닫고 그냥 돌아서서 제주도로 돌아간다. 하지만 선아는 아들 열이를 보기 위해 전남편을 만났을 뿐 동석을 사랑하고 있다. 이 장면에서는 삽입된 OST 〈내 곁에〉의 노랫말을 다음과 같이 살려주었다.

선아가 전화를 걸어오지만
동석은 아예 휴대폰 전원을 꺼버린다.

(노랫말) ♬ 다가설 수가 없어 너에게

동석이 창밖의 밤바다를 바라본다.
그의 얼굴에 쓸쓸함이 묻어난다.
선아는 자기 집 거실에서 침대에 기대앉아 전화를 걸다가
속상한 표정으로 휴대폰을 내려놓는다.
열이가 옆에 잠들어 있다.
선아는 열이의 머리를 쓰다듬고 이불을 잘 덮어준다.

(노랫말) ♬ 다시 만날 수 있기를…. 너를 위해 기다릴게

선아가 휴대폰에 저장된 동영상을 열어본다.
동석이 제주도에서 말을 타던 모습이 담겨 있다.

살려준 노랫말은 두 줄뿐이었지만, 각각의 노랫말이 동석과 혜진의 마음을 대변한다고 생각해 해설로 덮지 않은 경우이다. 동석은 혜진에게 다가서지 못하고 돌아섰기에 '다가설 수가 없

어 너에게'라는 노랫말을 살렸고, 혜진은 동석을 그리워하고 있었기에 '다시 만날 수 있기를…. 너를 위해 기다릴게'라는 노랫말을 살려보았다.

• • •

화면해설을 쓰다가 노래에 관해 심각하게 고민에 빠지는 두 번째 경우는 다큐멘터리나 예능 프로그램에서 노래가 나올 때이다. 가요라면 상관없지만, 외국어로 된 노래는 난감할 때가 많다. 노래가 주가 되는 음악 프로그램이라면 말할 것도 없지만 꼭 그렇지 않더라도 외국어 노래가 나올 때 대부분은 노래의 흐름에 맞추어 가사 자막을 화면에 넣어주기 마련이다.

화면해설을 한다면 이럴 때 어떤 선택을 해야 할까. 가사를 전달하기 위해 노래를 덮고 해설을 해야 할까, 아니면 뜻은 전달하지 못하더라도 노래 그 자체가 전해지도록 그대로 두어야 할까. 중요하면서도 아주 어려운 문제다. 자칫하면 노래도 안 들리고 가사 전달도 안 되는 우를 범할 수도 있다.

노래도 아름답지만 가사도 중요하다면 두 가지를 모두 살릴 수 있는 방법을 찾아야 한다. 가사가 정말 중요한 노래라면 노래를 배경음악으로 깔고 가사를 읽어줄 때도 있다. 아니면 노래 가사가 나오지 않는 부분 부분마다 노래의 분위기에 맞게 가사를 시처럼 낭독하듯 읽어주기도 한다. 그도 아니면 간주 부분에 가사의 내용을 요약해서 전달할 수도 있다.

〈군산: 거위를 노래하다〉라는 영화에서 남자 주인공 윤영이 읊는 한시(漢詩), 낙빈왕의 「영아咏鵝」 때문에 고민에 빠진 적이 있었다. 중국어로 한시를 읊는 동안 뜻을 해석해 준 자막이 나왔는데 자막을 읽어주자니 한시를 읊는 배우의 목소리가 덮일 것 같았다. 워낙 크게 한시를 읽기도 한 데다 새가 나는 것처럼 춤까지 추고 있었고, 게다가 영화 제목도 〈군산: 거위를 노래하다〉가 아닌가. 가사를 꼭 알려줘야 했다. 다행히 한시를 읊는 사이 여백이 좀 있어서 시구(詩句)와 시구 사이에 해설을 넣었다.

윤영 어, 어, 어 (鵝, 鵝, 鵝)

거위야, 거위야, 거위야

윤영 **취샹~ 탕티엔꺼** (曲項向天歌)

굽은 목으로 하늘 향해 노래하네

윤영 **바이마오~ 푸뤼쉐이** (白毛浮綠水)

흰 깃털 푸른 물에 떠다니고

윤영 **홍장보칭보~** (紅掌撥淸波)

붉은 발바닥으로 파도를 일으킨다.

바로 대사가 이어져서 마지막은 "홍장보~"만 살리고 해설을 넣었지만 결과는 만족스러웠다.

• • •

이렇듯 화면해설은 늘 선택의 연속이다. 어렵지만, 어떤 노랫말을 살리고 어떤 노랫말은 덮어야 할지 매 순간 고민하고 고민해야 한다. 물론 무심히 화면해설로 노랫말을 덮어버릴 수도 있다. 하지만 화면해설 없이 똑같은 장면을 본다고 상상하면 왜 고민해야 하는지 명백해진다.

배우들의 연기와 멋진 배경, 적절한 노래가 어우러지며, 가슴 저리게 아름다운 장면들을 만들어 내기도 하고 절절하게 가슴 아픈 장면을 빚어내기도 한다. 그때 귀에 딱 꽂히는 노랫말은 더할 수 없는 감동으로 다가올 것이다.

그렇다면 화면해설을 들을 때도 똑같은 감동을 받아야 하지 않을까? 노랫말을 다 살릴 수는 없어도 장면과 꼭 부합되는 노랫말들을 화면해설과 조화롭게 배치하고 그 노랫말을 함께 들을 수 있다면, 그것이 바로 좋은 화면해설이라고 나는 생각한다.

6장

당신의 맥커터가 되지 않기 위하여

홍미정

1세대 걸 그룹 '핑클'이 함께 캠핑을 떠난다는 설정으로 방송한 JTBC 예능 프로그램 〈캠핑클럽〉을 1회부터 마지막 회까지 정주행 감상했다. 이효리의 섹시함, 옥주현의 노래 실력, 성유리의 미모는 옛날부터 알고 있었지만 다른 세 명에 비해 이진은 좀 밋밋하다고 생각해 왔는데 이번 〈캠핑클럽〉은 이진의 재발견이었다고나 할까.

특히 그녀의 '맥커터(脈 cutter)' 실력은 최고였다. 다들 옛 추억과 감성에 젖어 있었는데 갑자기 "그 짜장면 있잖아." 하고 점심 메뉴를 얘기하며 추억여행의 맥을 끊어버리는가 하면, 서로 진지한 대화를 나누고 있는데 단호한 표정으로 "밤빵 좀 줄래?"라며 분위기의 맥을 끊는 등 엉뚱한 매력을 발산했다.

나 역시 진작부터 맥커터 기질이 있어서 이진의 캐릭터에 더 공감했는지도 모르겠다.

'〈구해줘! 홈즈〉에서 보니 애견 수영장까지 있는 집이 있더라'는 이야기를 꺼냈는데 친구가 얼마 전 무지개다리를 건너간 반려견을 떠올리며 눈물을 흘리기 일보 직전일 때, 새로 이사한 대학 동창의 집들이에 갔는데 부동산 이야기를 하다가 현 정권의 경제정책으로까지 화제가 번지면서 동창들 간에 자칫 이념 공방이 벌어질 것 같은 상황이 발생했을 때, 나는 맥커터가 된다. 아무도 시키지 않았는데 '여기서 맥을 끊는 건 나밖에 못해' 하면서 말도 안 되는 사명감에 불타 뜬금없는 소리를 하면서 화제를 돌리려고 애를 쓴다.

하지만 화면해설 원고를 쓸 때만큼은 맥커터가 되지 않기 위해 애쓴다. '갑자기 저 해설이 왜 나오지?' 하는 느낌이 들지 않게, 프로그램의 맥을 끊지 않고, 본 프로그램에 자연스럽게 녹아드는 것이 좋은 화면해설이라 생각하기 때문이다.

• • •

예를 들어 이런 해설이 있다고 치자.

등에는 아기를 업고 양손에 두 아이의 손을 잡은 채, 머리에는 광주리까지 인 중년 여자가 힘겹게 걸어간다.

시각장애인은 해설 순서대로 머릿속에 그림을 그린다. 위와 같은 해설을 들으면 등에 업은 아기를 먼저 떠올린다. 그리고 '누가 업었지? 엄마? 아빠? 아니면 할머니?' 하며 궁금해한다.

누가 업었는지 알 수가 없으니 다음 그림을 그리기가 쉽지 않다.

그러므로 화면해설에서는 주어를 맨 앞으로 빼서 해설하는 것이 좋다. 전체 문장에서 행동을 하는 주체가 누구인지 먼저 상상할 수 있게 한 다음, 그 사람이 아기도 업고, 아이의 손도 잡고, 머리에 광주리도 인 모습을 그릴 수 있게 해야 하는 것이다. 즉, 이런 식이다.

중년 여자가 등에는 아기를 업고, 양손에 두 아이의 손을 잡은 채, 머리에는 광주리까지 이고 힘겹게 걸어간다.

그런데!!! 예능 프로그램만큼은 이 원칙에서 예외다. 예능 프로그램에서는 출연자들 대사가 쉴 새 없이 이어지기 때문에 주어로 시작해서 서술어로 끝나는 제대로 된 문장이 들어갈 자리가 없을 때가 태반이다. 행여 그럴 만한 틈이 있다 해도 빠르게 흘러가는 예능 프로그램에 저렇게 긴 해설 문장이 들어가면 한참 웃고 떠들던 맥을 끊는 '맥커터'가 되고 만다.

그러니 "세 아이를 업고 걸리며 짐까지 이고 가는 중년 여자" 하는 식의 짧은 구 형태로 쓴다. 이 정도 문장도 들어갈 틈이 없다면 "중년 여자, 아이 업고 짐도 이고" 하는 식으로 문장 아닌 문장을 써야 할 때도 잦다(정확하게 하려면 짐이 아니라 임을 인다고 해야 맞다. 그러나 '임을 이다'라는 말을 알아듣는 사람이 많지 않다 보니 '짐을 이다'로 쓰곤 한다). 출연자들이 끊임없이 말을 하면서 여러 가지 동작을 하고, 자막도 쉴 새 없이 이어지는 예능 프로그램에서는 프로그램의 맥을 끊지 않으면서 화면해설을 하는 게 참 쉽지 않다.

예능 프로그램의 화면해설을 쓸 때 적지 않은 고민을 불러일으키는 요소가 자막이다. 요즘은 대부분의 예능 프로그램에 내레이션이 없는 대신 자막이 그 역할을 담당한다. 화면을 볼 수 없는 시각장애인을 위해 자막을 적절하게 해설하는 것은 화면해설에서 매우 중요하다. 한데 화면에 나온 자막이 너무나 재미있어서 그대로 살렸건만 맥커터가 될 때가 있다.

왜? 일반적으로 화면해설은 출연자들의 말과 말 사이에 비는 공간에 넣게 된다. 비는 공간은 5초밖에 없는데 저 재미난 자막을 화면해설로 다 읽어주려다 보니 10초가 걸려서 출연자의 다음 말을 들을 수 없는 것이다. 그 바람에 맥을 놓치게 된다면 어떻게 해야 할까?

• • •

전태일은 '근로기준법'을 해석해 줄 수 있는 대학생 친구를 원했다는데 우리에겐 무수한 상황에서 경험을 얘기해 줄 수 있는 시각장애인 지인이 필요하다.

"자막을 어떻게 해설해 주는 게 좋냐고요? 저희에게 가장 좋은 건 TV를 보는 비시각장애인 가족이나 친구와 같은 타이밍에 웃는 거예요. 남들은 이미 다 웃었는데 자세한 해설을 듣다가 저만 한 박자 늦게 웃는다면 예능을 보는 의미가 없죠. 그렇지만 그렇게 딱딱 맞게 해설을 쓰는 게 쉽지는 않겠죠?"

네, 맞아요. 정말 쉽지 않답니다.

쉽지 않은 일이지만 그것이 또 우리의 일이다. 시각장애인이 비시각장애인과 같이 영상을 보면서 같은 지점에서 웃고, 울고, 박수 칠 수 있었으면 하는 마음으로, 꼭 필요하다고 생각해서 넣은 해설이 맥커터가 되지 않기를 바라며 다시 한번 영상을 돌려보고, 문장 한 줄, 단어 하나를 고쳐 써넣는다.

7장

"여자는 남자의 옆모습을 바라본다"

권성아

어느 드라마에 이런 장면이 나온 적이 있다. 남녀 주인공이 빨래방에 가서 빨래가 끝나기를 기다리며 대화를 나눈다. 여자가 과거를 추억하며 진심 어린 대화들이 오가고 배경음악은 달콤하다. 중간에 아무 대사 없이 남자가 여자를 바라보는 장면이 한참 나오고, 대화를 하다가 여자가 남자를 바라보는 시선이 한동안 이어진다.

화면해설이 등장해야 하는 시점이다. 설렘 가득한 이 장면을 오롯이 전달해야 한다. 문제는 남자 주인공이 원빈급으로 잘생긴 외모가 아니라는 거다. 그렇다고 여자 주인공이 당황해 말을 얼버무릴 정도로 사랑스럽게 바라보는 남자의 외모를 대충 묘사한다면 얼마나 김이 빠질까. 드라마에 흐르는 달콤한 음악을 배경으로, 나는 이렇게 화면해설을 했다.

여자와 남자가
햇살이 들어오는 창가 의자에 나란히 앉아 있다.
조금 긴장한 듯, 남자가 눈동자만 살짝 돌려 여자를 쳐다본다.
햇살이 여자의 하얀 피부에 닿아 반짝거리고 있다.
여자가 조금씩 움직일 때마다,
남자의 떨리는 눈길이 여자에게로 향한다.
발을 까딱거리던 여자가
길게 늘어뜨린 웨이브 머리를 쓸어올려 하나로 묶는다.
그 순간, 여자의 희고 매끈한 목이 드러나자,
남자는 얼른 시선을 떼어내고
자기도 모르게 마른침을 삼킨다.

이 장면에서는 먼저 화면에서 보여주는 대로 여자 주인공의 매력을 부각시키는 데 중점을 두었다. 여자가 길게 늘어뜨린 머리카락을 묶고 희고 매끈한 목을 드러내는 장면은 드라마나 영화에서 빈번하게 나오는데 남자가 여자에게 반하는 '심쿵' 포인트라 그 부분에 무게를 두어 해설했다.

남녀가 잠시 대화가 나눈 뒤, 다시 화면해설이 이어진다.

여자가 남자의 옆모습을 바라본다.
생각에 잠긴 맑은 눈동자,
반듯한 콧날과 또렷한 입매, 깨끗한 피부….
여자는 그런 남자의 얼굴에서 눈을 떼지 못한다.
남자가 시선을 느끼고 천천히 돌아보는데

여자가 얼른 딴 곳으로 눈길을 돌린다.

가능하면 장면의 느낌을 살릴 수 있게, 가능하면 분위기를 깨지 않도록 해설해 보려고 노력했던 것 같다. 남자가 엄청난 미남은 아니지만, 그래도 이 정도 느낌을 주는 남자라면 없던 관심도 확 생기지 않을까?

• • •

이런 멜로 장르에서 주인공에 대해 묘사해야 한다면, 장르 특성상 대부분 주인공들을 아름답고 멋지게 표현해 줘야 한다. 그럴 때 내가 좋아하는 배우가, 잘생기고 예쁜 배우가 나오면 훨씬 수월하다. 내가 좋아하는 배우라면 더 예쁘고 멋있게 묘사해 주고 싶은 마음은 인지상정이니까.

그러나 모든 배우를 애정하는 건 아니어서, 내가 정말 싫어하는 배우가 주연을 맡을 수도 있다. 혹은 내가 좋아하긴 해도 객관적으로 전혀 멋지게 생긴 배우가 아닐 수도 있다. 두 경우 모두 암담해지긴 마찬가지다. 최상급의 달달 로맨스에서, 주인공들이 서로를 바라보기만 해도 눈에서 꿀이 뚝뚝 떨어지는 그런 드라마에서, 감히 주인공들을 못나게 표현해 줄 수는 없지 않은가. 16부 내내 등장하는 주인공을 그럴 수는 없는 노릇이다.

방법은 하나뿐이다. 드라마를 하는 동안은 그 배우를 사랑해야 한다. 잘생기지 않았어도 잘생겼다고 믿어야 한다. 배우의 장점을 찾아보고, 구석구석 외모를 뜯어보면서 어디가 멋진지,

어디가 예쁜지를 끄집어낸다. 피부가 좋다든가, 눈매가 아름답다든가, 콧날이 반듯하다거나, 입술이 매력적이거나 등등을 무조건 찾아야 한다. 얼굴이 아니면 머리 스타일을, 그것도 아니면 훤칠한 키, 여자들의 심쿵 포인트인 커다란 손, 그도 아니면 사색에 잠긴 눈동자…. 뭐가 됐든 매력 포인트를 찾아서 묘사해 주어야 한다.

연기를 못해서 표정이, 눈빛이 하나뿐이어도, 미워하면 안 된다. 그러다 보면 내가 굉장한 편견에 빠져 있었다는 걸 깨닫는 순간이 찾아올 때도 있다. 이 배우가 이런 매력을 가진 배우였구나, 생각하게 되기도 한다.

이런 경우도 있었다. 아무리 봐도 잘생긴 배우가 아닌데, 원대본 지문에 수려한 이목구비로 묘사돼 있는 거다. 화면해설작가가 거짓말을 할 수는 없다. 이럴 때는 동료 작가 찬스를 쓴다. 동기 작가들에게 일단 팩트 체크.

"아무개 배우, 그 배우를 좋아하긴 하는데 그래도 잘생긴 건 아니죠?"

그렇다는 대답이 돌아오면 다음엔 그 배우를 조목조목 뜯어본다. '멋진 구석이 어딘가엔 있을 거야. 피부라도 좋을 거야. 아니면 옆모습이 괜찮으려나?' 이리 보고 저리 보고 결국엔 멋진 곳을 찾아낸다. 그러곤 잘생겼다는 말은 피하면서도 멋지게 표현해 보려고 노력한다.

드라마나 영화의 주인공은 이미 캐릭터 자체가 매력적인 경우가 대부분이다. 거기에 더해 외모는 그 매력을 배가시켜 주는 역할을 한다고 생각한다. 외모가 출중하지 않아도 잘생김을 연기하는, 예쁨을 연기하는 배우들도 많다. 우리는 그 잘생김을, 예쁨을 반감시키지 않고, 그렇다고 과장하지도 말고, 적절하게 묘사해 줄 수 있는 힘을 키우면 된다.

8장

'착 달라붙는' 표현을 쓰기 위하여

이진희

"멀리 떠나가는 배가 콩알만 하게 보인다. 한 줄기 하얀 선을 남기고, 마치 하늘을 나는 비행기처럼 바다 위로 멀어지는 것을 우리는 말없이 지켜보았다. 모든 것이 금색으로 빛나고, 금가루를 뿌린 것처럼 반짝거렸다. 하늘과 바다의 경계도 빛나고, 너무 아득해서 가물가물했다."

얼마 만에 잡은 요시모토 바나나였을까. 20대 시절, 마음을 몽글몽글하게 하던, 그러다 한 번씩 가만히 웅크리곤 내 안을 들여다보게 하던 작가. 우연히 헌책방에 갔다가 오랜만에 만난 그녀의 이름을 보고 집어든 소설 『바다의 뚜껑』(김난주 옮김, 민음사, 2016)에 나오는 구절이다. 표현이 예뻐서 페이지를 접어두었다.

나는 항상 책을 접어가며 읽는다. 당연히 다음에 다시 열어

보기 위함이지만, 실은 다시 열어볼 생각도 못하고 다음 책으로 넘어가기에 급급한 편이다. 그럼에도 어딘가 내 안에 그 문장들이 차곡차곡 쌓이고 있을 거란 기대를 해보는데, 늘 표현에 허덕이는 걸 보면 그렇지도 않은 것 같다.

원래 상황 묘사가 강한 소설을 좋아하지 않았다. 텍스트를 읽어도 그걸 머릿속으로 다 그려내고 그게 내 안에서 완성이 되어야 그다음 문장으로 넘어갈 수 있는 사람이라 너무 더디게 읽히는 책은 힘겨웠다. 그래서 상황 묘사보다 공감력이 큰, 심리 묘사가 좋은 글을 좋아했다. 책도 다양한 분야의 책을 한꺼번에 여러 권 읽었고, 그중에 소설은 비중이 적은 편이었다.

그런데 화면해설을 하면서 표현에 갈증이 심하게 일었다. 영상에 찰떡인 표현, 귀에도 착 달라붙는 표현을 찾아 머리를 쥐어뜯을 때도 많았다. 드라마, 다큐, 예능 그 모든 장르에 필요한 건 적절한 단어로 표현하는 묘사이기 때문이다. 그러다 보니 에세이나 인문학 서적은 멀리한 채 자꾸만 소설에 손이 갔다. 좋아하는 수많은 작가들이 있었지만, 그보다 상황 묘사에 탁월한 소설을 위주로 읽으며 자주 쓸 법한 문장들을 새삼 내 안에 새겼다.

그의 미간에는 어렴풋한 곤혹의 빛이 서려 있었다.

노부인의 사나운 눈매가 한층 더 사나워졌다.

난폭한 눈초리에 장난기 어린 결의의 빛을 떠올리더니,

감겨있는 눈꺼풀에 불 그림자가 일렁댔다.

세계 3대 추리소설이라고 알려진 엘러리 퀸의 『Y의 비극』(서계인 옮김, 검은숲, 2013)에 등장하는 문장들이다. 대체로 추리소설이 이런 상황 묘사에 탁월한 편인데, 화면해설을 시작한 뒤 읽어서인지 이 작품은 유난히 더 화면해설에 가까운 문장들을 가득 모아둔 것처럼 느껴졌다. 문장이 직관적이어서 단번에 이해하기 쉬운 것도 장점이었다. 하지만 이런 소설만 도움이 되는 건 아니다. 무엇보다 가장 큰 도움이 되는 건 표현력이 좋은 다른 화면해설작가들의 작품을 열심히 모니터링하는 것이다.

화면해설을 할 때 자꾸만 막히는 것은 표현이 잡히지 않아서이기도 하지만, 더 딱 들어맞는 표현이 갑자기 생각나지 않아서일 때도 많다. 황당한 건 그토록 붙잡고 씨름할 때는 떠오르지 않던 표현이 갑자기 불현듯 머릿속에 들어와 박힐 때다. 심지어 자려다 번쩍 눈을 뜬 적도 있다.

이렇게 밤낮 할 것 없이 일에 빠져 있는 나를 발견할 때면, 한때 유행했던 뇌 구조 그림을 떠올렸을 때, 내 머릿속의 대부분은 화면해설로 꽉 차 있는 게 아닌가 싶기까지 한다. 뒤늦게 떠올라서 '이불킥'을 날릴 뻔한 단어는 재빨리 메모장에 적어둔다. 그리고 그런 때를 위해서 자주 쓰는 표현들을 모아두기도 했다.

붉어진 눈시울 / 젖은 눈동자 / 물기 어린 얼굴

떨리는 눈빛 / 가슴 저릿한 눈길 / 촉촉한 눈망울

시선이 닿는다, 머문다, 향한다, 멈춘다, 고정돼 있다

시선을 돌린다 / 눈길을 거둔다

미소가 번진다, 떠오른다, 감돈다, 새어나온다

싱긋, 빙긋, 방긋, 생글생글, 빙그레, 배시시

애틋하게 / 애절하게 / 애잔하게 / 간절하게 / 절박하게

입술을 포갠다 / 입맞춤을 한다 / 입술에 파고든다

슬픔이 어린다 / 심란함에 잠긴다 / 쓸쓸함이 깃든다

작가라면 이런 메모장들은 누구나 하나쯤 있을 것이다. 그럼에도 시간에 쫓기다 보면 자신도 모르게 자주 쓰는 표현들을 반복적으로 쓸 때가 있다. 나는 특히나 서술어와 접속사 실수를 종종 한다. '~하자, ~한다'를 연속으로 배치한다거나 '~했는데'를 두세 문장 뒤에 쓴 경우들이다.

신기하게 쓸 때는 그토록 여러 차례 읽어도 잡아내지 못하다가 나중에 검토할 때면 도드라지게 눈에 띈다. 뒤늦게 '아차' 싶어도 이미 녹음이 끝나버린 경우라면 발견했다 한들 어쩔 수가 없다. 간혹 모니터 요원들이 화면해설작가들에게 이런 지적을 할 때가 있다. "같은 표현이 반복해서 나옵니다. 조금 다르게 쓴다면 해설이 풍부해질 것 같은데요."

표현하는 것만으로도 어려운데 우리는 재미있게, 풍부하게, 반복적이지 않게 해설해야 하는 사명감도 갖고 있는 것이다. 우리가 단순히 영상을 설명해 주는 '화면해설사'가 아닌 '화면해설작가'인 건 바로 이런 점들 때문이다. 그래서 오늘도 우리는 '착붙(착 달라붙는)' 표현을 쓰기 위해 컴퓨터 모니터 속 문장들과 씨름한다.

9장

"한 술 크게 떠서 한입에 와앙!"

임현아

요즘은 정말 '먹는 방송', 일명 '먹방'의 시대다. 개인이 직접 요리를 해 먹는 과정을 찍기도 하고, 배달 음식을 잔뜩 시켜 먹거나 '맛집'에 찾아가서 사 먹는 과정을 영상으로 담기도 한다. 방송에서도 '맛집 탐방'이나 '셰프들의 요리 대결', '레시피 소개' 등 여러 가지 아이템으로 '쿡방(요리하는 방송)'과 '먹방(먹는 방송)'을 내보낸다. 덕분에 그와 관련된 화면해설 원고를 쓸 일도 많아졌다.

연예인들이 농어촌에서 생활하며 하루 세끼를 챙겨 먹기 위해 고군분투하는 모습을 보여주는 예능 〈삼시세끼〉에서부터, '유명 셰프들의 요리 대결'이라는 콘셉트의 예능 〈냉장고를 부탁해〉나 스튜디오로 맛집 사장님들을 불러 요리 대결을 펼치게 한 〈백종원의 3대 천왕〉 등 여러 쿡방 · 먹방 프로그램이 오래전부터 화면해설로 제작되어 왔다. 현재 화면해설로 제작되고 있는 MBN의 예능 〈알토란〉 역시 셰프들의 요리 레시피를 소개하는 대표적인 쿡방 프로그램 중 하나다. 이처럼 꼭 음식을 전면에 내세운 프로그램이 아니더라도 〈나는 몸신이다〉나 〈기분 좋은 날〉 같은 건강 관련 프로그램에서는 몸에 좋은 다양한 식재료를 소개하고 건강식을 만드는 과정과 이를 시식하는 모습 등을 보여주곤 한다.

• • •

나는 먹방이나 쿡방을 보고 있으면 그 음식들을 직접 해 먹고 싶어진다. 영상 속에서 출연자들이 감탄하는 모습을 보면서 '내가 직접 만들어 먹어도 과연 그 맛이 날까?', '정말 맛있을까?' 그런 생각을 하곤 했다. 간단한 셰이크라든지 감바스 같은 음식은 실제로 재료를 사다가 방송에서 알려준 대로 따라 만들어 본 적도 있다.

아마 시각장애인들 중에도 나처럼 방송을 보고 음식을 따라 만들어 보거나 사 먹어본 사람이 있었을 것이다. 나는 시각장애인이 방송을 보고 '진짜 맛있겠다. 나도 먹고 싶다!'는 마음이 들게 하는 화면해설, '나도 저 설명대로 따라 하면 충분히 만들 수 있겠다!' 자신감을 갖게 하는 그런 화면해설을 쓰고 싶다. 이 마음가짐은 내가 먹방 관련 작품의 화면해설을 쓸 때 항상 마음 속 지침이 되어주었다.

전에 〈백종원의 사계〉라는 작품의 화면해설을 쓴 적이 있다. 백종원이 전국을 돌아다니며 그 지역의 제철 음식을 맛보고 소개하는 내용을 담은 예능 프로그램이었다.

먹는 방송도 설명이 필요한 때가 많다. 어떤 음식을 먹는지, 몇 순갈을 뜨는지, 수저를 쓰는지 그릇째 들고 마시는지, 쌈을 쌀 때는 어떤 재료를 어떤 순서로 올리는지, 서로 음식을 먹여주는 장면이라면 누가 누구에게 무슨 음식을 먹여주는지, 음식을 다 만들었다면 어떻게 생긴 그릇에 담았는지, 우묵한 접시인지 평평하고 넓적한 접시인지 등등 설명하자면 세세하게 설명해야 하는 부분이 한두 가지가 아니다.

그럼에도 나는 이 프로그램 원고를 쓸 때 작업의 제1원칙으로 먹는 소리는 가급적 살리자는 생각을 했다. 해설을 하기에 앞서, 원 영상 속 현장음을 최대한 들으려 노력했다. 백종원 대표가 라면을 후루룩 먹는 소리, 국물 마시는 소리, 찌개 끓는 소리, 기름에 음식을 튀기는 소리, 불판 위에서 고기가 익어가는 소리…. 먹는 소리가 나는 부분만큼은 절대 해설이 겹치지 않도록 해설 길이를 맞췄다.

잠깐 들리는 소리라 할지라도 음식을 먹는 소리를 듣는 편이 백 마디 해설보다 더 크게 와닿을 것이라 생각했다. "한 술 크게 떠서 한입에 와앙!"이라는 해설에 이어 입을 오물거리며 씹는 소리가 들리면 시각장애인 시청자가 먹는 모습을 상상하며 정말 맛있게 먹는구나 생각할 테니까.

• • •

그렇게 현장음에 집중하다 보면 화면해설을 충분히 할 수 없을 때가 많다. 그래서 먹방이나 쿡방 화면해설을 쓸 때는 정형화되고 완성된 문장 형태의 해설들보다는 의성어나 의태어를 많이 사용하게 된다.

'후추를 톡톡!', '통깨를 솔솔~', '양 볼이 빵빵해지도록 입 안 가득 넣고 오물오물!', '손가락에 묻은 양념까지 맛있게 쪽쪽!', '갈비뼈가 단번에 쏙!', '연포탕이 보글보글', '지글지글 끓는 기름에 새우 투하!', '삼겹살이 노릇노릇', '탱글탱글한 문어숙회', '짭쪼롬한 미역에 문어를 싸서 한입에 와앙!', '두툼한 문어숙회를 기름장에 찍어 냠냠.', '마지막 한 숟갈까지 싹싹 긁어 입으로 직행!' 이런 식의 짧은 해설을 즐겨 쓰곤 한다. 오히려 이런 해설들이 먹는 모습이나 요리하는 모습의 생동감을 배가시켜 줄 때도 있다.

지금 이 책을 읽고 있는 독자들이 내가 위에 언급한 짧은 해설을 읽고 배고파했으면 좋겠다. 진짜 영상 속 인물들이 밥을 먹는 모습을 눈앞에 선하게 떠올렸으면 좋겠다. 만약 당신이 저 해설이 말하고자 하는 장면을 머릿속으로 떠올리며 군침을 흘렸다면, 내 해설은 '성공한 화면해설'이라는 뜻이다.

10장

예능 출연진의 이름을 불러준다는 것

홍미정

프로그램이 시작되자마자 '더위가 한풀 꺾인 선선한 날씨의 초가을'이란 자막이 나오고 유재석이 혼자 방송국으로 들어서며 말한다.

"뭐죠?"

바로 장면이 바뀌고 전소민이 공원에 나타난다.

"좋은 아침입니다. 오랜만에 뵙죠?"

전소민의 말과 동시에 '그리고 5일간의 자체 자가격리 후 돌아온 소민'이라는 자막이 나온다. 그때 전소민이 환하게 웃으며 한마디 덧붙인다.

"제가 돌아왔어요."

또 곧바로 장면이 바뀌고 송지효가 지하 주차장으로 들어온다.

"안녕하세요? 왜 지하 주차장으로 나를 불렀지?"

장소가 또다시 야외로 바뀌고 양세찬이 서 있다.

"원래 늘 이렇게 각자 스팟에서 촬영을 하면 뭐 선택하고 배신하고 막 그러지 않아요?"

다음 장면에서는 7분할 화면으로 바뀌며 앞서 인사한 네 명에 지석진, 김종국, 하하의 얼굴이 더해진다. 그리고 그 세 사람이 무작위로 인사한다.

"안녕하십니까?" "뭐예요?" "안녕하십니까? 오늘 뭔가요?" "감독님?" "어?"

• • •

SBS의 장수 예능 프로그램 〈런닝맨〉의 첫 장면이다. 방송이 시작된 지 40여 초 만에 출연자 일곱 명이 제각각의 장소에서 등장했다. 출연자가 말하는 중간에 자막이 계속 나오고, 자막 내용 중에는 한 출연자가 코로나바이러스 감염 예방을 위해 자가격리를 했다는 중요한 정보까지 포함되어 있다.

하지만 소리만 들을 수 있는 시각장애인은 누가 출연하는지, 총 몇 명이 출연하는지, 각각의 출연자가 같은 곳에 있는지 다른 곳에 있는지, 좋은 아침이라고 인사했던 여자 출연자가 왜 오랜만에 뵙는다고 했는지, 영상에 자막이 있는지 없는지 알 수가 없다. 이 모든 정보는 화면해설을 통해 전달해야 한다. 출연자들이 하는 말과 화면해설이 겹치지 않아야 하니, 아무런 말이 없는 빈 구간에서 빨리 해설해야 한다.

'으, 어디에 어떻게 해설을 끼워 넣어야 하지? 자막이 있다고

알려줄 시간은 도저히 없는데….'

해설을 최대한 짧게 쓰고, 성우님에게 대사가 끝나자마자 바로 해설을 읽어서 다음 대사 들어가기 전에 빨리 치고 빠져달라고 요청하는 수밖에….

내가 쓴 해설이 대사와 대사 사이의 짧은 틈에 들어갈 수 있는지 영상을 수십 번 돌려보면서 읽어보고 확인한 뒤 겨우 완성한다.

SBS방송국 외경

(자막에 맞춰서) 더위가 한풀 꺾인 선선한 날씨의 초가을

(재석) 가장 먼저 촬영장에 나타난 유재석

재석 뭐죠?

(빨리) 공원에 나타난 전소민

소민 좋은 아침입니다! 오랜만에 뵙죠?

(바로) 5일간의 자체 자가격리 후 컴백

소민 제가 돌아왔어요

지효 안녕하세요?

(빨리) 다음은 송지효

지효 왜 지하 주차장으로 나를 불렀지?

(빨리) 양세찬

세찬 원래 늘 이렇게 각자 스팟에서 촬영을 하면 뭐 선택하고 배신하고 막 그러지 않아요?
다들 안녕하십니까? / 뭐예요?

(바로) 오전 10시, 지석진 김종국 하하까지 7인, 각자의 장소에 도착

휴, 어쨌든 출연자 일곱 명의 이름 그리고 각각 다른 장소에 있다는 정보를 알리는 데 성공했다. 자막 내용도 겨우 전달은 했지만 그게 자막이라는 건 알리지 못했다. 왜? 그런 것까지 들어갈 틈이 없으니까.

• • •

이처럼 예능 프로그램에서는 이 프로그램에 누가 출연한다는 걸 알리는 게 쉽지 않다. 프로그램 자체에서 "안녕하세요? ○○○입니다."라고 인사한다면 따로 화면해설을 통해 소개할 필요가 없지만 고정 MC들은 서로 소개하지 않고 바로 시작하는 경우가 많다.

예를 들어 SBS 예능 프로그램 〈미운 우리 새끼〉의 MC는 웬만한 대한민국 사람이면 다 아는 개그맨 신동엽과 전 농구선수 서장훈이다. 굳이 누구라고 얘기하지 않고 목소리만 들어도 알 수 있을 법한 인물이다. 패널로 출연하는 엄마들도 수년째 고정 출연자분들이어서 방송을 자주 접한 이들은 목소리, 말투만 듣고도 누가 누군지 짐작이 가능하다.

그러나 화면해설의 원칙 중 하나는 사전 정보가 없는 사람이 들어도 이해할 수 있게 글을 쓰는 것. 그러므로 약간이라도 해설이 들어갈 틈이 있다면 첫 등장에 이름을 밝히는 것을 원칙으로 한다.

"인물이 처음 등장할 때는 이름 혹은 역할을 소개한다."

이게 원칙은 간단한데 적용하기가 쉽지는 않다. 예능 프로그램은 출연자 이름 석 자를 말할 시간도 부족하기 때문이다. 그래서 김종국은 종국, 탁재훈은 재훈, 김준호는 준호라고 두 자만 쓰기도 한다.

한번은 가수 태진아가 이 프로그램에 출연했다. 태진아는 1953년생이다. 내일모레가 일흔인 어르신을 '진아'라고 불러도 되나? 고민 끝에 태진아는 이름 석 자를 다 쓰기로 했다. 뒤따르는 고민. 그럼 JTBC 예능 프로그램 〈1호가 될 순 없어〉에 출연했던 1954년생인 김학래는 '김학래'인가, '학래'인가? 몇 년생부터 두 자로 써도 되는 걸까?

등장인물을 소개할 때 또 다른 고민은 별명이다. 예능 프로그램에서는 출연자의 캐릭터에 따라 별명으로 부르는 일이 잦다.

예능인 탁재훈은 베짱이처럼 행동해서 '탁짱이'이고, 가수 김종국은 짠돌이 캐릭터로 활약해 오랫동안 '짠국이'로 불렸다. 배우 임원희의 별명은 '짠희'다. 어쩐지 짠한 느낌을 준다고 해서 붙은 별명이다. 짠국이와 짠희, 같은 '짠' 자 돌림이지만 전혀 다른 뜻이다. 화면해설에서 이런 차이까지 알려주면서 해설을 하려면 머리에 쥐가 난다.

탁짱이, 짠국이는 원래 이름과 매치시킨 별명이지만 왜 그런 별명을 붙였는지 짐작하기 어려운 경우도 있다. 〈뭉쳐야 찬다〉라는 축구 예능 프로그램에서는 김용만을 '을왕리'라 불렀다. 경기에는 좀처럼 뛰지 못하고 벤치에만 앉아 있는 김용만의 모습이 을왕리 해수욕장에 피서 온 관광객을 연상시킨다고 해서 붙은 별명이다.

기존에 이 프로그램들을 시청한 적이 있는 사람이라면 설명을 덧붙이지 않아도 "오늘도 놀 궁리만 하는 탁짱이"라든지 "숨이 차서 말을 잇지 못하는 을왕리"라는 해설이 무슨 의미인지 알아들을 수 있을 테다. 하지만 처음 듣는 사람은 "탁짱이"라고만 해설하면 그게 뭔지 이해하지 못할 게 뻔하다. 그래서 가능하면 탁재훈의 첫 등장 때 "베짱이 탁재훈"이라고 한 번 설명해 준 다음 "탁짱이"라는 말을 쓰는 방법을 택한다.

꼭 이렇게 이름을 알려줘야 하나, 굳이 해설로 알려주지 않아도 프로그램을 듣다 보면 흐름 속에서 자연스럽게 알게 되지 않나, 하는 고민에 대한 답은 '시바시'다. '시각장애인 by 시각장애인', 시각장애인마다 생각이 다르다는 얘기다.

• • •

고민이 될 때 SOS를 청하는 시각장애인 지인에게 전화를 걸어 본다.

"선생님, 프로그램 중간에 굳이 출연자 이름을 화면해설로 알려줘야 할까요? 계속 멘트가 이어지고 있어서 해설이 들어갈 틈도 없는데 말이에요."

"그래도 알려주시면 좋죠. 목소리로 구분할 수도 있지만 아주 개성적인 목소리가 아니거나 여러 사람이 한꺼번에 얘기하는 장면에서는 누가 무슨 얘기를 하는 건지 헷갈릴 때가 많거든요. 특히 같은 지역 사투리를 쓰는 사람 두세 명이 얘기할 때는 누가 누구인지 진짜 헷갈려요. 매번 알려줄 수는 없겠지만 처음 나올 때라도 알려주면 그 목소리를 기억하기 쉽죠."

일찍이 김춘수 선생이 말씀하시지 않았나, 내가 그의 이름을 불러줘야 그가 나에게로 와서 꽃이 된다고. 빠르게 흘러가는 예능 프로그램의 흐름에서 출연자들의 실제 이름과 그 프로그램에서 부르는 이름 그리고 그 상황에 정해진 별명까지 소개하는 것은 한국민속촌 줄타기 장인의 묘기 못지않게 어려운 일이다. 그래도 그것들을 적재적소에 끼워 넣어 해설한다면 시각장애인에겐 좀 더 충만한 감상을 선물할 수 있으리라.

11장

그리고 누군가 그의 이름을 불러주었을 때

김은주

나뿐만 아니라 화면해설작가들은 누구나 화면해설 작업을 할 때 등장인물 이름에 미치도록 집착한다. 처음 등장할 때 어떤 특징을 가진 누구라고 명시하고 나면 그 뒤로 그 인물이 등장할 때는 이름만 언급하면 되는데, 대본에도 주어지지 않고 영상을 통해서도 알 수 없다면 그 등장인물이 나올 때마다 어떤 어떤 특징을 가진 누구라고 매번 언급해야 하기 때문이다.

화면해설작가가 임의로 이름을 붙일 수도 없는 노릇이다. 이런 상황이라면 제한된 시간 안에 정작 해설을 해야 하는 상황이나 행동은 제대로 설명도 하지 못하고 등장인물 설명하는 데 시간을 다 쓰고 지나가버릴 수도 있다. 그래서 별것 아닌 거 같지만 등장인물들의 이름에 집착하고 또 집착한다. 이름이 주어지지 않은 인물이 나올 때면 혹시 책상 위에 명패가 놓여 있지 않은지, 보고서 앞 페이지에 작성자 이름이 쓰여 있지 않을까 싶어서 더 두 눈 크게 뜨고 영상을 보고 또 본다.

실제 화면해설 작업을 할 때는 책상 위의 명패를 크게 확대해 보고 이름이 한자로라도 적혀 있으면 한자사전을 찾아보기도 한다. 한자로 적혀 있는 이름 석 자를 알고 나면 마치 복권에라도 당첨된 것처럼 좋아라 하는데, 그 정도로 이름에 집착하고 또 집착한다.

• • •

10년 넘게 화면해설 작업을 하면서 '어떤 작품이 화면해설 쓰기 가장 어려웠어요?'라고 누가 묻는다면, 사실 쉬웠던 작품은 단 하나도 없다. 매번 새롭고, 그래서 매번 어렵다.

그럼에도 손에 꼽힐 정도로 나를 힘들게 했던 작품이 있는데 가장 최근에 작업한 것 중에는 SBS 드라마 〈악의 마음을 읽는 자들〉이다. 장르물을 워낙 좋아하고 화면해설을 쓰는 것도 로맨스나 멜로보다는 격투신, 추격신을 쓰는 걸 더 선호하는 편이지만, 〈악의 마음을 읽는 자들〉은 드라마가 끝나고 힐링의 시간을 요청했을 정도로 힘든 작업이었다.

폭력적인 장면이 많지는 않았지만 연쇄살인범들과의 취조신을 쓸 때는 내가 연쇄살인범과 마주 앉아 있는 것 같은 착각이 들 정도였다. 말도 안 되는 소리를 듣고 또 듣고 있자니 멘탈이 바스러지는 것 같았다. 다시 태어나면 프로파일러가 되고 싶다는 생각을 했었는데, 〈악의 마음을 읽는 자들〉을 작업하면서 그 꿈은 깨끗이 접었다.

힘들어서 단내 나게 했던 작품 또 하나, MBC 드라마 〈어쩌다 발견한 하루〉. 작업하는 내내 본방송 날인 수요일이 오는 게 무서웠다. 화면해설 작업을 해야 하는 목요일은 하루 종일 앓는 소리를 내야 했고, 금요일 아침 마감을 하고 나면 '여기 어디? 내가 누구?' 할 정도로 고됨의 연속이었다.

예고만 봤을 때는 고등학교를 배경으로 한 학원물인 줄 알았는데 웬걸? 막상 뚜껑을 열고 보니 만화 세상 속 이야기와 만화 바깥 이야기가 맞물려서 전개되는 아주 독특한 형식의 드라마였다. 게다가 원 대본은 수정고가 너무 많아서 도대체 뭘 보고 찍었는지 알 수도 없는 지경이었고, 담고 있는 이야기도 복잡해서 드라마 자체를 이해하기도 쉽지 않았다.

무엇보다 나를 힘들게 했던 건, 이름이었다. 남자 주인공 이름이 '하루'인데, 원 대본에는 첫 등장부터 '하루'라고 명시되어 있었지만, 극중에서는 2회가 끝날 때까지 아무도 '하루'를 '하루'라고 부르지 않았다. 문제는 여기서 발생. 원 대본에 처음부터 '하루'라고 선명하게 적혀 있었기에 화면해설 역시 남자 주인공이 영상에 보일 때마다 "하루가 무엇 무엇 한다."라고 해설을 써 내려가기 시작했다.

그런데 1회가 지나고 2회가 끝날 때까지 아무도 남자 주인공을 '하루'라고 부르지 않으니 브레이크가 걸리고 만 것이다. 원 시나리오는 물론 영상 전체를 처음부터 끝까지 미리 확인한 후에 화면해설 작업을 하는 영화와 달리 매주 그 주에 방송되는 영상과 대본만으로 화면해설을 써야 하는 드라마의 경우는 전체 이야기를 미리 알 수가 없다. '하루'란 이름을 언제 어느 때 누가 부를지는 알 수 없는 상황. 하지만 2회가 끝날 때까지 그 누구도 '하루'라고 부르지 않았다는 건 앞으로 전개될 이야기에 영향이 있거나 이름 자체가 자칫 스포일러가 될 수 있기 때문에 마감만 남겨두고 있던 화면해설 원고를 처음부터 수정해야만 했다.

만약 이때 수정하지 않고 '하루'라고 그대로 뒀으면 어떻게 됐을까? 생각하고 싶지도 않고, 떠올리면 식은땀부터 나려고 한다. 4회가 되어서야 여자 주인공 '단오'가 "널… 하루라고 불러도 될까?"란 대사와 함께 그제야 붙여진 이름이 '하루'였던 것이다. 내가 1회 화면해설에서부터 그를 '하루'라고 했으면 잘못된 정보에다가 맥 빠지는 화면해설이 되는 셈이다.

나는 단오가 하루라고 불러줄 때까지 화면해설을 쓰면서 '교복 차림의 남학생', '손바닥에 사선으로 길게 흉터가 나 있는 남학생', '이름표가 비어 있는 남학생' 등등으로 불러야 했다. 비록 쉽지 않은 작업이었지만, 다행히 잘못된 해설을 쓰는 실수는 범하지 않을 수 있었다. 앞의 장에서도 소개되었던 "내가 그의 이름을 불러주었을 때 그는 나에게로 와 비로소 꽃이 되었다"라는 시구처럼, 화면해설에서는 누군가 이름을 불러주었을 때 비로소 그 이름을 쓸 수 있다.

• • •

그럼 원 대본에 있는 지문은 어떨까?

"대본에 있는 지문을 그대로 적어도 되는 거 아닌가요?" 하고 되물을 수도 있을 것 같은데 그렇지가 않다. 무엇보다 대본이 백 퍼센트 그대로 방송되는 일은 극히 드물다. 거의 없다고 봐도 무방하다. 대본에 노을이 지는 학교 운동장이라고 되어 있지만 촬영 여건상 운동장이 아닐 수도 있고, 노을이 아닌 다른 방식으로 저녁 무렵임을 드러낼 수도 있다. 편집 과정에서 이 신 자체가 빠질 수도 있다. 그러니 대본만 보고 그대로 화면해설을 썼다가는 화면의 영상과 다른 엉뚱한 이야기를 전달하는 꼴이 되고 만다.

그뿐만 아니라 시간적 제약 때문에도 지문을 그대로 쓸 수 없다. 단오와 하루가 처음으로 얼굴을 마주하는 〈어쩌다 발견한 하루〉의 4회 엔딩 장면. 원 대본에는 "단오가 들고 있던 반투명 우산이 펴지고, 우산의 꽃무늬 사이로는 물방울과 함께 무지개가 보이고, 우산 너머로 하루의 얼굴이 나타난다."라는 상황이 너무 예쁜 단어들로 채워져 있었다.

여기에 싱그러운 교정과 마주 보고 서 있는 단오와 하루의 몽글몽글한 분위기 묘사까지 열 줄 가까운 지문이 적혀 있었는데, 시간 제약으로 화면해설은 두 줄 이상 들어갈 수가 없는 상황. 어떻게 표현을 해야 할까? 안 돌아가는 머리를 굴리고 또 굴리다 마감 직전, 겨우 문장을 쓸 수 있었다.

단오가 천천히 우산을 들어 올리자
누구라도 한 번쯤 돌아볼 정도로 잘생긴
남학생의 얼굴이 드러난다.

이 화면해설은 화면 캡처와 함께 〈어쩌다 발견한 하루〉 마니아들 사이에서 농담 삼아 화면해설작가의 '주접'으로 알려져 있기도 한데, 나에게는 기억에서 지워버리고 싶은 흑역사 아닌 흑역사다.

그럼에도 나는 이 장면을 캡처해 저장해 놓고 가끔씩 꺼내본다. 볼 때마다 '으흐흐' 하며 몸서리치지만, '이렇게밖에 표현할 수 없었을까?', '좀 더 쉬운 해설은 뭘까?', '그림이 잘 그려지는 해설을 쓰려면 어떻게 해야 할까?', '짧은 시간을 이용해 효과적으로 해설하는 방법은 뭐가 있을까' 고민할 때마다 한 번씩 들춰보면서 반성도 하고 스스로를 채찍질하기도 한다. 지금은 '흑역사'라고 저장해 놓은 파일명을 언젠가는 '백역사'로 바꿀 수 있기를 바라면서 말이다.

3부

당신과 그 모든 걸 나누고 싶어서

너와 함께 <전우치>를 감상하는 일

임현아

나는 시각장애인은 아니지만 화면해설 서비스가 절실하게 필요한 사람이다. 그래서 화면해설작가가 되기 전, 시각장애인 복지관에 화면해설로 제작된 영화 DVD를 구할 방법을 문의한 적이 있다. 당시 나와 통화했던 직원은 복지관에서 보유하고 있는 화면해설 영상물이 있긴 하지만 시각장애인에게만 배포 혹은 대여가 가능하다고 했다.

내가 화면해설 영화 DVD를 구하고 싶었던 건 동생 때문이었다. 내 동생은 지적·뇌병변 중복장애를 가진 중증 장애인이다. 나이는 서른이 넘었지만 정신연령은 세 살 수준으로, 인지능력이 많이 부족하고 좌반신이 마비된 탓에 거동마저 힘든 상태다.

나는 이렇게 장애가 심한 동생을 데리고 영화관에 가는 것도 힘들고, TV 프로그램 내용을 설명하는 데에도 어려움을 느끼고 있었다. 그러다 화면해설로 제작된 영화가 있다는 사실을 알게 되었던 것이다. 혹시 개인적으로 영상을 구할 방법이 있을까 싶어 여기저기 다른 시각장애인복지관에도 수소문해 봤지만 시각장애인이 아니어서 제공이 불가하다는 원론적인 답변만 받았다.

• • •

결국 나는 인터넷을 한참 뒤진 끝에 화면해설로 제작된 영화 〈괴물〉과 〈전우치〉 DVD를 구매할 수 있었다. 특히 영화 〈전우치〉는 동생이 한동안 푹 빠져 살다시피 해서 나도 함께 화면해설 버전 영화를 보곤 했다. 동생은 전우치가 보고 싶으면 꼭 이렇게 말하곤 했다.

"언니! 날아가는 거 보자, 날아가는 거."

"날아가는 거? 전우치? 도사 전우치?"

"응! 날아가는 거."

동생은 자신이 좋아하는 프로그램을 특정한 언어로 기억한다. 〈포켓몬스터〉는 '피카츄'로, 〈헬로 카봇〉은 '차칸이'로, 〈신비아파트〉는 '귀신집'으로, 〈날아라 슈퍼보드〉는 '원숭이'로 기억하는 식이다. 동생이 말한 '날아가는 것'은 영화 〈전우치〉를 말하는데, 영화 속에서 전우치가 도술을 부리며 날아다니는 모습이 인상 깊었나 보다.

〈전우치〉는 족자 속에 갇혀 있던 도사 전우치가 현대에 깨어나 활극을 펼치고 요괴를 무찌르는 내용의 판타지 영화다. 아마도 동생은 화면해설로 설명된 내용을 이해하는 게 아니라 그저 이리저리 날아다니며 도술을 부리는 주인공을 보고 재밌어 하는 것일 테지.

하지만 동생이 다 이해하지 못하더라도, 영화 장면 하나하나를 친절하게 설명해 주는 서비스가 있다는 것만으로도 나에게는 큰 도움이 되었다. 심지어 수십 번을 돌려봐도 언제나 친절한 해설이 반복해서 나오니 얼마나 좋은지. 동생에게 TV 장면 하나를 이해시키려면 같은 말을 수십 번 수백 번 반복해야 하는데 화면해설이 그 역할을 해주어 얼마나 고마웠는지 모른다.

영화 속 여러 장면 중에서도 동생은 전우치가 옥황상제의 아들 행세를 하며 궁궐에 나타난 '궁중악사' 장면을 제일 좋아한다. 아마도 신나는 음악이 나오기 때문일 것이다. 그 장면에서 전우치는 천군과 선녀들을 거느리며 구름을 타고 하늘에서 내려온다. 전우치는 금관을 쓰고, 금실로 수놓은 하얀 옷을 입은 모습으로 정전(正殿) 뜰을 활보한다.

전우치는 꿇어앉아 고개를 조아리고 있는 왕에게 이런저런 명령을 하며 왕가의 보물을 살피다가 꽃 모양 거울을 발견해 품속에 넣는다. 전우치는 손가락을 튕겨 악사들이 연주하는 음악을 신나는 음악으로 바꾸기도 하고 팔을 휘둘러 세찬 바람을 일으키거나 비를 내리게 하기도 한다. 동생은 전우치가 도술을 부리는 장면이 나오면 까르륵 웃곤 했다.

나는 늘 동생에게 영화 속 정보들을 마치 스무고개 놀이하듯 알려주곤 한다, 동생이 알아듣기 쉬운 언어로 바꿔서 말이다.

"하늘에서 누가 내려오게?"

"왕자님."

"왕자님이 구름 타고 궁궐로 내려왔어."

"왜 왔어? 왜 왔어?"

"글쎄, 왕자님이 왜 왔을까?"

"왕자님이 물건 막 던져."

"왕자님이 던진 게 술잔이야. 왕자님이 옷 속에 뭐 숨겼게?"

"몰라."

"거울 숨겼어. 거울. 거울에 꽃이 그려져 있네."

"빗자루 많아."

"선녀들이 뿅 사라졌지? 선녀들이 빗자루로 변한 거야."

"왕자님 사라졌네? 왕자님 어디 갔지? 왕자님이 전우치야."

"전우치 뭐 해? 뭐 해?"

"쉿! 전우치가 하는 말 잘 들어봐."

"전우치 이상한 옷 입었다. 이상해, 이상해."

"전우치가 입은 거 도포야, 도포. 옛날 사람 옷. 따라 해봐, 도포."

"날아간다, 날아간다."

"전우치가 어디 갔지? 그림 속으로 슝 들어간 거야. 어? 전우치가 말 탔다. 어디 가지?"

"그림 날아간다. 날아간다."

동생과 함께 영화를 볼 때마다 이런 식의 대화를 계속 반복하곤 한다. 내가 일방적으로 쏟아내다시피 말하는 거지만, 대화를 계속 이어가다 보면 단어 하나라도, 개념 하나라도 깨닫게 되지 않을까 싶어 동생에게 계속 말을 걸고, 장면을 설명하는 것을 멈출 수 없다.

동생에게 영화 속 장면을 설명할 때 화면해설은 나에게 큰 도움을 준다. 해설 그대로를 동생에게 전달할 수는 없지만 내가 못 보고 지나쳤던 장면들, 내가 몰랐던 부분들에 대한 설명이 있어서 동생에게 설명하기가 한결 수월해지기 때문이다.

한번은 동생이 거센 바람 때문에 왕과 신하들이 몸을 가누지 못하고 휘청거리는 장면에서 숨이 넘어갈 듯 깔깔거리길래 왜 그렇게 웃냐고 물은 적이 있다.

"사람들이 바람 때문에 날아가는 게 좋아?"

"날아가, 날아가. 전우치한테 혼나는 거야."

동생의 대답을 듣고 나는 머리를 망치로 얻어맞은 듯한 기분이 들었다. 그동안 동생이 장면을 전혀 이해하지 못한다고 생각했는데 장면의 핵심을 제대로 파악하고 있었던 것이다. '궁중악사' 장면은 결국 왕과 신하가 전우치에게 어떻게 농락당하는지, 어떻게 '혼나는지' 보여주는 장면이 아닌가.

나는 동생을 와락 끌어안고 머리를 쓰다듬어 주었다. 영상을 자꾸 반복해서 보며 자연스레 내용을 이해하게 된 것일 수도 있지만, 어쩌면 화면해설 영상을 동생에게 계속 보여주어서 동생이 '좀 더 똑똑해진' 게 아닐까 하는 생각이 들었다.

• • •

코로나19 바이러스가 한창 기승을 부리던 때, 복지관의 돌봄 서비스를 이용하지 못하고 동생이 집에만 있어야 했을 때 화면해설 영상물은 한 줄기 빛 같은 존재였다. 동생은 하루 종일 TV를 보며 화면해설로 제작된 각종 애니메이션, 내가 작업한 다큐멘터리 등을 두루 섭렵했다.

처음엔 집중하는 데 어려움을 겪는 듯했지만, 어느 순간 해설하는 성우의 말소리에 귀를 기울이게 됐다. 해설 내용을 이해하는 문제는 차치하고라도 말소리에 집중하는 동생의 모습을 보고 얼마나 감격했는지…. 내가 화면해설작가라서, 동생에게 해설이 있는 여러 영상물을 마음껏 보여줄 수 있다는 사실이 다행스럽고 기뻤다.

동생에게 아무리 열심히 영상 내용을 설명해도, 조금 있으면 다 잊어버리고 만다는 걸 안다. 늘 도돌이표가 그려진 듯 처음부터 반복해야 하는 일상이지만, 나는 앞으로도 동생에게 가능한 한 다양한 화면해설 영상물을 보여주고 싶다. 어린아이가 첫걸음마를 떼어 부모에게 뒤뚱거리며 걸어가듯, 동생의 상태가 조금이라도 나아지는 데 화면해설 영상물이 어떤 식으로든 도움이 될 것이라 믿기에.

동생을 위해 시작했지만, 동생에게 장면을 설명해 주는 작업은 내가 화면해설작가로서 작업하는 데에도 큰 도움이 되었다. 하나라도 더 알려주고 싶어서 작품을 좀 더 꼼꼼히 반복해서 보게 되었고, 내용을 제대로 이해하기 위해 작품을 분석하는 데에 심혈을 기울이게 되었다. 동생은 저도 모르는 새 내가 화면해설작가로서 역량을 키우고 성장하는 데에도 도움을 주었던 것이다.

오늘도 동생은 내 책상 옆에 한 자리 차지하고 앉아 화면해설로 제작된 드라마 〈이상한 변호사 우영우〉 영상을 보며 까르륵까르륵 웃고 있다. 우영우의 독특한 말투나 행동이 재미있는 건지, 우영우라는 캐릭터에서 어떤 동질감을 느끼는 건지, 귓가에 들리는 화면해설 문장의 의미를 알아들어서인지는 모르겠다. 동생의 표정은 너무도 해맑고, 무해하다.

나는 그런 동생을 물끄러미 보다가 노트를 펴놓고 드라마 속 화면해설 문장을 한 문장, 두 문장 필사하기 시작했다. 그렇게 동생과 나는 오늘도 함께 화면해설 영상을 보며 조금씩 앞으로 나아가고 있다.

2장

'나래코기'를 당신에게 알려주고 싶어요

홍미정

금요일 밤은 마감에 맞춰 일하는 화면해설작가에게 휴식의 밤이다. 토요일은 마감이 없기 때문이다. 일요일도 마감이 없지만 토요일 밤은 온전히 쉬기 어렵다. 월요일에 마감하는 원고를 써야 하는 경우가 많기 때문이다.

금요일 밤이면 소파에 널브러져서 좋아하는 감자칩을 먹는다. 나는 말 그대로 '카우치 포테이토(couch potato)'가 되어 MBC 예능 프로그램 〈나 혼자 산다〉를 본다. 그런데 누워서 낄낄대는 것도 잠시. 어느 틈엔가 일어나 앉아 미간을 찌푸린다. 화면에는 강아지 웰시코기와 개그우먼 박나래의 모습이 함께 나오면서 "병원 온 나래코기"라는 자막이 있다.

'나래코기? 그냥 자막 그대로 해설하면 뭔 소린지 모를 텐데, 저런 건 어떻게 해설하지?'

이럴 땐 '쌀집아저씨'가 원망스럽다. 우리 동네 쌀집 아저씨

말고, 별명이 '쌀집아저씨'인 김영희 전(前) MBC PD 말이다.

'라떼(나 10대 때)'는 TV 프로그램에 자막이 이렇게 많지 않았다. 자막은 출연자의 이름이나 장소 등을 알려주기 위한 것이었지 지금처럼 출연자가 하는 말을 일일이 받아쓰는 형식은 아니었다. 그런데 1990년대 중반, 쌀집아저씨가 처음으로 예능 프로그램에 출연자가 하는 말, 리액션, 상황, 느낌, 감정 등을 몽땅 다 자막으로 표현하는 모험을 시도했다.

일본에서는 진작 그렇게 했다지만, 화면 하단 3분의 1을 차지할 정도로 큰 자막이 프로그램 시작부터 끝까지 나오는 것을 보며 '이게 뭔가…?' 싶은 경이로움을 느꼈던 기억이 생생하다. 그리고 그 경이로움은 20여 년 후 화면해설작가들의 탈모의 원인으로 탈바꿈했다.

단순히 출연자의 말을 받아쓴 자막이라면 굳이 화면해설이 필요 없겠지만, 자막을 통해 웃음 포인트를 업그레이드했다면 해설로 알려줘야 한다.

• • •

그렇다면 "병원에 온 나래코기"라는 자막은 어떻게 해설해야 할까?

'나래코기'는 어느 해인가 박나래가 연예대상 시상식 무대에서 선보일 안무 연습을 하고 있는데 통통한 몸매에 엉덩이를 들고 춤을 추는 모습이 웰시코기 강아지를 닮았다고 이시언이 말한 데서 유래한 별명이다. 같은 맥락으로 박나래에게는 '나래

바르뎀'이란 별명도 있는데 이건 어느 날 박나래가 진한 화장을 하고 출연하자 영화 〈노인을 위한 나라는 없다〉의 배우 하비에르 바르뎀을 닮았다고 해서 붙은 것이다.

박나래와 웰시코기를 비교하는 화면, 박나래와 하비에르 바르뎀을 비교하는 화면과 함께 '폭주하는 나래코기', '오늘도 열일하는 나래 바르뎀' 같은 자막이 나간다면 비시각장애인 시청자는 '나래코기'나 '나래 바르뎀'이라는 말을 처음 듣는다 해도 화면을 보고 대번에 이해할 것이다. 하지만 앞뒤 설명 없이 "자막, 폭주하는 나래코기"라고만 해설하면 시각장애인 시청자는 '나래코기가 뭐지?'라고 생각할 게 뻔하다. 이럴 때는 자막 그대로 해설할 게 아니라 "웰시코기 닮은 나래의 폭주" 하는 식으로 풀어서 써야 한다.

하지만 끝날 때까지 끝난 게 아니다. 웰시코기가 뭔지 모르는 사람은 그 장면이 왜 웃긴지 알 수 없기 때문이다. 그렇기 때문에 화면해설작가는 화면을 거듭 돌려보면서 "다리 짧고 엉덩이가 큰 강아지, 웰시코기", 이런 해설이 들어갈 틈을 찾을 수밖에 없다.

나 역시 이전에는 웰시코기가 뭔지 알지 못했다. 심지어 개를 뜻하는 말인지도 몰랐다. 개를 키우지도 않고 개에 관심도 없기에 〈나 혼자 산다〉를 보면서도 '나래코기'에 대해 별다른 생각이 없었다. 하지만 이걸 시각장애인에게 해설하려고 드니 웰시코기가 어떤 견종인지 알아야 했고, 짧은 한두 마디로 웰시코기를 설명하기 위해 온갖 웰시코기들의 사진을 훑어봐야 했다.

• • •

'자막'과 비슷하게 중요하고도 어려운 것이 'CG'다.

개인적으로 좋아하는 프로그램이 MBC 예능 프로그램 〈라디오스타〉인데 매회 볼 때마다 '저건 어떻게 해설하지?' 하는 장면이 등장한다. 〈라디오스타〉에 나온 출연자는 성대모사 같은 개인기를 선보이는 경우가 많은데 그럴 때 어김없이 CG를 활용한다.

개그맨 권혁수가 가수 김경호를 흉내 내며 노래할 때 권혁수의 얼굴에 김경호처럼 긴 생머리를 CG로 입히는 식이다. 또는 몸이 마른 출연자의 얼굴에 몸짱 연예인의 몸을 합성시킨 CG 등으로 웃음을 유발하기도 한다. 이럴 때도 짧고 굵게 웃음 요소만 뽑아내서 그 CG를 해설해야 하지만 그게 말이 쉽지….

같은 장면에서 시각장애인이 비시각장애인과 함께 웃을 수 있게 해설을 쓰려고 애를 쓰지만 그게 쉽지 않을 때 내가 마지막으로 기댈 수 있는 언덕은 화면해설 성우다. 화면해설은 작가도 객관적으로 쓰고 성우도 객관적으로 읽는 것이 원칙이지만 재미를 추구하는 예능에서만큼은 예외가 허용된다. 예능적인 상황을 표현하기 위해 작가는 비문(非文)을 쓰기도 하고, 성우는 성대모사를 할 때도 있다.

출연자가 엄청나게 맛있는 표정을 지으며 염통을 먹는 모습에 딱 어울리는 해설이라 생각해서 "쫄깃한 염통에 불 맛을 입히면 얼마나 맛있게요?"라고 썼던 적이 있다. 성우가 그 의도를 정확히 파악해서, 요리연구가 이혜정 씨의 말투로 감칠맛 나게 읽어 줄 경우 '성우님, 나이스~!'다.

몸 쓰는 것엔 젬병인 내가 그나마 할 수 있는 운동이 수영이다. 나에겐 수영이 스피드 운동이 아니고 힐링 운동이라고 주장하며 은은하게 팔다리를 움직인다. 남들 보기엔 이 움직임이 과연 운동인가 싶겠지만 어쨌든 앞으로 나아가긴 한다. 언제 오른팔을 내밀어야 할지 언제 발장구를 쳐야 할지 몇 초 후에 고개를 옆으로 돌리고 숨을 내쉬어야 할지 계산하지 않는다. 그냥 자연스럽게 한다.

화면해설도 언젠가는 수영처럼 익숙해지면 좋겠다. 자막을 어떤 방식으로 설명할지, CG를 어떻게 재미있게 표현할지, 성우에게 성대모사를 부탁할지 말지, 일부러 고민하지 않아도 '인물들을 있는 그대로 소개해 주고, 시간과 장소가 바뀐 것만 간단하게 해설하고, 가급적 출연자의 현장음을 살리는 게 좋겠네'라고 생각하며 자연스럽게 해설을 쓸 수 있는 날이 오기를 기대해 본다.

3장

영화 〈벌새〉: "은희는 혼자이지만, 한결 편안해 보인다."*

이진희

2020년 KBS 독립영화관에서 방영된 〈벌새〉의 화면해설을 작업했다. 중학교 2학년 소녀인 은희의 일상을 통해 성수대교가 무너진 1994년 당시의 한국 사회의 단면을 그려낸 영화로, 세계 영화제에서 수많은 상을 휩쓴 작품이었다. 좋은 작품, 좋아하는 작품을 작업할 땐 설레는 만큼 걱정도 크다. 혹시나 잘못 해석을 한다거나 놓치는 게 있을까 조마조마했던 나는, 시나리오집이 출판돼 있다는 걸 알고 주저 없이 구매했다.

하지만 꼼꼼하게 쓰인 시나리오라고 해서 늘 우리를 구원해주진 않는다. 시나리오에서 바뀐 장면들이 있기 때문이다. 특히 엔딩신은 나를 괴롭혔다. 벌새처럼 고단한 날갯짓을 하며 불

* 영화 〈벌새〉와 〈욕창〉, 〈나는 나를 해고하지 않는다〉 결말의 스포일러가 포함되어 있습니다.

안한 시기를 지나오던 은희(박지후 분)가 삶의 변곡점과도 같은 시간을 겪은 이후였다. 은희가 수학여행을 가기 위해 운동장에 모여든 아이들 사이에 혼자 서서 주위 풍경을 천천히 바라보는데, 이 장면이 1분 넘게, 느린 화면으로 펼쳐졌다.

분명 화면해설작가는 객관적인 정보만 전달해야 한다. 하지만 주관적인 느낌을 배제할 수 없을 때가 많다. 더욱이 엔딩이라면 청취하는 시각장애인들에게 어떤 식으로 여운을 줄지 고민해야 한다. 긴 엔딩신에서 마지막 두 줄은 이렇게 끝냈다.

은희는 더 단단하고 깊어진 눈으로

주위의 모든 것들을 또렷하게 바라본다.

은희는 혼자이지만, 한결 편안해 보인다.

화면해설에 정답은 없다지만, 그래도 감독의 의도를 아는 게 중요했다. 모호하다고 생각한 엔딩은 아니었지만, 그래도 내 판단이 틀리지 않았는지를 확인하는 작업들이 필요하다. 수많은 리뷰들을 읽었고, 김보라 감독의 인터뷰를 찾아 읽었다.

그렇게 해설을 완성하고 제작한 뒤 영화 프로그램에서 이 장면에 대한 해석을 만났다. 그때, 보편적인 해석이라는 걸 새삼 확인하고 마음이 편해진 기억이 있다. 또 다음 해엔 김보라 감독이 직접 연출한 배리어프리 버전을 볼 기회가 있었는데, 역시나 그 작품에서도 은희의 깊어진 눈빛과 편안한 모습에 초점을 맞추고 있었다. 다만 다른 게 있었다면, 나는,

은희는 움직임도 없이 서서 재잘대는 아이들과
그 주위 풍경들을 천천히 둘러보며
알 듯 모를 듯한 표정을 짓는다.
슬며시 미소 짓는 것 같다가도
금세 슬픔에 젖은 듯한 얼굴이 되기도 한다.

라고 썼지만, 배리어프리 버전에서는 '은희의 미소'를 좀 더 확실하게 표현하고 있었다. 그렇게 감독의 의도를 확인하며 안도와 아쉬움을 함께 느꼈지만, 내 나름으로는 최선을 다한 '영상 분석'이었기 때문에 나를 다독이기로 했다.

• • •

그렇다. 우리는 보이는 영상을 글로, 소리로 풀어내는 직업인데 가끔은 '영상분석가'라고 이름 붙이고 싶을 때가 있다. 영상에서 명확하게 드러나는 건 물론이고 노골적이지 않게 은근히 드러내놓고 싶어 하는 것들을 파악해야 하기 때문이다. 클로즈업에 인색할 때가 많고, 명확하게 무언가 짚고 넘어가주지 않는 독립영화들은 그래서 작가들을 괴롭힌다. 거기에 작업할 영상이 화질까지 좋지 않다면 정말 대략 난감하다.

또 독립영화, 예술영화들은 약속이라도 한 듯 대사가 많지 않다. 이제는 순수한 시청자로 방송이나 영화를 볼 때도 배우 혹은 출연자가 침묵을 지킬 때마다 내 두 손엔 땀이 다 난다. 플롯이 복잡한 영화나 압도하는 영상, 낯선 기기들이 등장하면 내용에 집중하기 어려울 정도로 긴장이 된다. 그런데 남편과 친구는 물론이고 최근엔 예술영화를 즐겨보는 동네 서점 사장님마저 〈토리노의 말〉을 본 뒤 "이런 영화는 어떻게 화면해설을 할지 보면서 아찔하다."는 말씀을 하셨다. 뭔가 단체 직업병에 시달리게 만든 것만 같아 죄송할 따름이다.

그래도 말 없는 영상에서 음악이 깔린다면 나쁘지 않다. 음악도 영상의 메시지를 전하는 방법 중 하나이니 잘 살리는 게 중요하다. 하지만 역시나 독립영화에선 약속이나 한 듯 음악마저 없는 클라이맥스 혹은 엔딩신이 많다. 작년에 작업한 영화 〈욕창〉도 그랬다. 고령화 시대의 그늘을 다룬 작품으로 뇌출혈로 병상에 누워 있던 아내의 등에 욕창이 생기면서 이야기가 시작되는 영화였다.

영화는 다소 쓸쓸한 여운을 남겼는데, 마지막 신은 그야말로 압권이었다. 조선족인 간병인이자 가사도우미가 불법체류 문제로 출입국사무소 직원들에게 끌려가고, 그녀가 올려둔 곰국이 가스레인지 위에서 시커멓게 타고 만다. 잠을 자다가 뒤늦게 알아챈 주인공이 그제야 집 안을 가득 메운 연기와 사투를 벌였는데, 느린 화면 속에서 그가 거친 호흡을 내뱉으며 방석을 마구 내젓는 장면이었다.

연기가 삼켜버린 집 안에 그의 가쁜 호흡만 채워지고 있다.
창식이 방석을 휘두르며
연기에서 벗어나려 안간힘을 써보지만,
그의 몸짓은 점점 기운을 잃고 느려진다.

무기력한 창식의 모습 위로
연기는 잠식할 듯이 더 포위해 온다.
창식이 무모해 보이는 싸움을 이어가면서 점차 지쳐간다.
벗어나려는 발버둥에도 연기는 쉬이 사라지지 않고,
더 짙어져만 간다.
그리고 어느 순간 그의 모습이 연기에 완전히 잠겨버린다.
시야를 뒤덮은 짙은 연기는 심연처럼 깊고 아득하다.

극장에서 봤다면 정말 숨을 죽이고 봤을 것 같은 엔딩이었다. 작업을 하는 나도 숨통이 탁 막힐 것만 같았으니까.

• • •

독립영화관은 현재 다른 작가분과 격주 작업을 하고 있다. 그래서 작품 배정이 복불복으로 이뤄지는데, 얼마 전 〈나는 나를 해고하지 않는다〉라는 작품이 내가 아닌 다른 작가님에게 돌아갔다. 그 작품을 보며 나는 입을 틀어막았다. 눈앞이 아득해졌다.

해고 위기에 놓인 사무직 여성이 송전탑 수리 보수를 하는 하청 업체로 파견 명령을 받는다. 악착같이 현실을 버티던 주인공이 참혹한 현실을 마주하고 마지막엔 끝끝내 송전탑에 올라가는 모습이 등장하는 영화였다.

작업자들이 사용하는 장비들이 모조리 낯설었고, 특히 마지막 송전탑에 올라가는 장면은 압도적이었다. 여주인공이 비장한 얼굴로 아찔한 높이의 송전탑에 차근차근 올라가고 그녀의 발 아래로 아득한 풍경이 펼쳐진다. 하늘은 또 붉은 석양빛에 물들고 있었다. 대사도 없이 길게 이어지는 그 장면을 보자마자 나는 겁부터 먹었다. 이토록 어려운 작품을 내가 안 한 걸 다행으로 여겨야 하는 것인지 뭔지조차 감이 잡히지 않았다.

그러면서 괜스레 조금 슬퍼졌다. 새삼 더 이상 방송 프로그램이나 영화들을 그저 온전히 감상하기는 어려워졌구나 싶어져서. 압바스 키아로스타미의 〈올리브 나무 사이로〉처럼 말 없는 롱테이크 신에 눈을 반짝이는 것도, 또, 화려한 미장센의 영화에 감탄을 하는 것도, 멋진 액션 장면에 짜릿한 쾌감을 느끼는 것도, 이제는 남의 일이 된 것만 같아서 말이다.

4장

끝없이 변신하는 '로봇'을 들려준다는 것

임현아

화면해설 원고를 쓸 때, 설명하고 싶은 건 많은데 말과 말 사이, 설명할 틈이 도저히 나지 않아 답답한 심정을 아는가? 끊임없이 이어지는 대사 속에서 어떻게든 틈을 비집고 해설을 넣어야 한다는 생각이 마구 치솟는 프로그램, 좀 더 알기 쉬운 단어를 찾아 헤매게 만드는 프로그램, 사람도 아니고 동물도 아닌 괴상망측한 캐릭터의 생김새를 어떻게 설명해야 할지 '급난감' 해지는 프로그램, 캐릭터가 가진 장비나 무기 같은 아이템을 뭐라고 불러야 할지 몰라 머리를 쥐어뜯게 만드는 프로그램, 바로 애니메이션이다. 그중 나를 가장 힘들게 했던 것은 '변신하는 로봇 해설 쓰기'였다.

몇 년 전, 〈지오메카 비스트가디언〉이라는 애니메이션 프로그램을 맡아 화면해설 작업을 한 적이 있다. '비스트' 가디언이라는 이름처럼 동물의 야성과 반응 신경을 가진 여러 최첨단 로봇들이 변신을 해서 서로 힘을 합쳐 악당 로봇과 맞서 싸운다는 이야기였다. 등장하는 로봇의 이름도 생김새도 어찌나 다양하던지. 각각의 특징을 어린이들의 언어로 풀어서, 알기 쉽고 재미나게, 눈에 보일 듯 해설하는 일이 쉽지 않았다.

• • •

화면해설 원고를 쓸 때는 언제나 화면해설이 들어가게 될 해당 장면과 앞뒤 장면의 맥락을 살펴보곤 한다. 장면의 내용을 파악하는 데 어려움이 없을 때는 두세 번만 앞뒤로 돌려봐도 금방 해설 문장을 어떻게 써야 할지 떠올릴 수 있었다. 그런데 이 작품의 로봇 변신 장면 해설을 쓸 때는 마치 벽에 가로막힌 것처럼 머릿속에 화면해설 문장이 '만들어지지' 않았다.

그래서 정말 눈이 빠질 만큼 로봇들의 변신 과정을 보고 또 보고, 뒤로 돌려보고, 멈췄다가 다시 보기를 수없이 반복했다. 로봇이 어떻게 변신하는지, 전투할 때 어떻게 움직이는지, 어떤 무기를 어떻게 쓰는지 생생하게 설명하려면 내가 그 로봇이 되었다 생각하고 그 동작 하나하나를 속속들이 알아야 하는데 순간 머릿속이 하얗게 변하고 아무 생각도 들지 않았다. 해설 쓰기가 너무 힘들어 로봇을 붙잡고 제발 변신 좀 그만하라고 애원이라도 하고 싶었다.

20여 분짜리 애니메이션 한 편 중에 로봇들이 변신하는 장면이 5분 남짓, 그 5분을 해설로 쓰기 위해 인터넷에 올라온 영상들을 얼마나 많이 찾아봤는지 모른다. 로봇 장난감을 이리저리 변신시키며 갖고 노는 아이들 영상이 없었다면 무사히 화면해설을 쓰지 못했을 것이다.

로봇 변신 해설을 쓸 때 가장 신경 쓴 부분은 '어떤 로봇이 어떻게 변신하는가'였다. 여러 로봇들이 합체하는 경우에는 어떤 모양과 색깔을 가진 어떤 이름의 로봇들이 합체하는지, 각 로봇이 합체한 로봇의 몸체 중 어디 부분에 해당하는 것인지 설명하는 게 중요했다.

그 애니메이션에 나오는 주요 로봇 캐릭터는 레오칸, 카이만, 나스혼인데, 레오칸은 빨간색 사자 로봇이고 카이만은 초록색 악어 로봇, 나스혼은 파란색 코뿔소 로봇이었다. 이 로봇들은 각각 솔리드 모드-비스트 모드-워리어 모드로 변신했다. '솔리드 모드'는 방패 모양 상태로, 로봇의 몸체가 다각형의 방패 안에 접혀 있는 상태다. '비스트 모드'는 동물 로봇 상태이고, '워리어 모드'는 일반적인 인간형(?) 로봇의 형태로 변신한 것이다. 이러한 특징을 모르면 애니메이션 내용 자체를 이해하는 데 어려움을 느낄 수 있기 때문에 해설할 때 가능한 한 풀어서 자세히 해설하려고 애를 썼었다.

• • •

이 애니메이션 후반부 회차를 작업할 때의 일이다. '썬더라이온'이라는 새로운 합체 로봇이 등장했는데 영상을 반복해서 봐도 변신하는 장면이 도무지 이해되지 않았다. 세 개의 로봇이 합쳐지는 건 알겠는데, 이 로봇의 어느 신체 부분이 저 로봇의 어느 신체 부분과 어떻게 합체되는 건지…. 새로 등장한 로봇이라 그랬는지 인터넷을 뒤져봐도 변신 과정을 파악할 수 있는 영상이나 설명을 찾기 힘들었다.

아무리 머리를 쥐어뜯으며 살펴봐도 도저히 답이 나오지 않았다. 그렇다고 두루뭉술하게 넘어갈 수는 없는 일. 나는 결국 그 로봇 장난감을 사 오고야 말았다. 이리저리 고군분투하며 직접 로봇을 만들고, 합체까지 시켜보았다. 손재주가 없어서 설명서를 보고도 한참을 끙끙 앓아야 했지만 결과는 대성공이었다.

나는 너무 기뻐서 동생을 앞에 앉혀 놓고 로봇을 변신시켜 가며 과정을 종알종알 설명해 주었다. 동생은 못 알아듣는 눈치였지만, 나는 스스로 설명을 하면서 로봇에 대한 이해도가 올라가는 것을 느낄 수 있었다. 덕분에 합체 로봇의 구조를 '빠삭하게' 알게 되었고 무사히 그럴듯한 변신 장면 해설을 쓸 수 있었다. 직접 장난감 실물을 만져보고 분석해 본 경험 덕분인지 이후 다른 회차 원고를 쓸 때도 큰 어려움 없이 화면해설을 쓸 수 있었다.

해설을 쓰는 데 어려움을 겪었기 때문이었을까. 시각장애 아이들이 내가 쓴 화면해설이 나오는 애니메이션을 보고 즐거워하는 모습을 상상하자 괜히 뿌듯한 기분이 들었다. 아이들이 내가 쓴 로봇 변신 화면해설을 들으며 마음껏 영상 속 장면을 상상하고, 또래 아이들과 웃고 떠들며 이야기를 나눌 수 있기를. 어쩌면 어린이 애니메이션 해설을 쓸 때 갖춰야 하는 제1 덕목은 바로 애니메이션을 정말 즐기는 어린아이 같은 마음이 아닐까.

다음은 내가 당시 썼던 '썬더라이온'이라는 로봇의 변신 장면 해설 중 일부이다.

빨간 사자 로봇 레오칸과 흰색 호랑이 로봇 타이거볼트,
검은색 재규어 로봇 블랙 재규어가 달려와
엠블럼을 통과한 뒤 합체한다.
(빨간 방패) 솔리드 모드의 레오칸이
썬더라이온의 몸통으로 변신한다.
(재규어 로봇 달려오는) 블랙 재규어의 머리와 앞발은
썬더라이온의 오른팔이 되고,
타이거볼트의 머리와 앞발은 왼팔이 된다.
(파란 다리) 블랙 재규어의 몸통과 뒷다리는
썬더라이온의 왼발이 되고,
타이거볼트의 몸통과 뒷다리는 오른발이 된다.
파란 투구를 쓴 썬더라이온은
금빛 칼 썬더블레이드를 휘두르며
한 손에 빨간 방패를 든 모습으로 변신한다.

이 해설 몇 줄을 쓰기 위해 도대체 몇 시간을 끙끙 앓았던 건지…. 그래도 돌이켜보면 그때 로봇 장난감과 씨름한 일들은 이후 내가 화면해설을 쓰는 데 큰 자산이 되었다. 영상만 봤을 때는 '아마 이게 맞을 거야' 정도의 생각만 갖고 해설을 썼다면, 내가 직접 실물을 합체시켜 본 로봇은 변신 과정에 확신이 있어서인지 더 명확하고 직관적인 해설을 쓸 수 있었다. 시각장애인 모니터링 요원분들께서도 "로봇에 대한 시각적 정보를 구체적

으로, 상세히 파악할 수 있어 재미있게 즐길 수 있었다."라는 피드백을 주셔서 반갑고 기뻤다.

• • •

이 일을 통해서 내가 깨달은 건, '해설 쓰기 난감한 상황이 닥쳤을 때, 돌파구는 의외로 생각지도 못했던 방법일 수도 있다는 것과, '발품을 팔아 내가 직접 움직여서 얻게 된 지식은 머릿속에 정확하게 남는다는 것', 그리고 '내가 정확히 알고 있어야 화면해설 문장을 정확하게 쓸 수 있다'는 점이었다.

당연한 말이긴 하지만 '정확히 안다'는 건 정말 어려운 일이다. 화면해설작가가 신이 아닌데 작업해야 할 영상 전부를 어떻게 매번 '정확히' 알 수 있겠는가. 방송 영상 속에는 항상 내가 생판 모르는 인물들과 가본 적 없는 장소와 생전 들어본 적도 없는 새로운 사물들이 쉼 없이 나오고, 상황을 이해하지 못할 장면들도 부지기수로 등장한다.

그럼에도 불구하고 화면해설작가는 어떻게 해서든 '해설해야 하는 내용을 정확히 알고 전달하기' 위해 나름의 방법을 찾아내야 한다. 나는 로봇 장난감을 사다 조립하면서 그 난관을 이겨낼 수 있었고, 덕분에 로봇 변신 해설을 쓸 때 자신감을 얻게 됐다. 처음엔 로봇이 제발 변신하지 않았으면 하고 생각했지만 지금은 당당히 말할 수 있다.

"로봇아, 마음껏 변신해! 아주 자세하고 생생하게 해설해 줄 테니까!"

5장

영화 〈신과 함께〉: '지옥'을 당신에게 보여드리고 싶었어요

권성아

영화 〈신과 함께—죄와 벌〉은 저승에 간 주인공이 일곱 개의 재판장과 지옥을 통과하면서 겪는 이야기다. 이 영화를 화면해설로 써야 했을 때 그야말로 눈앞이 캄캄했다. 현실을 그대로 옮긴 작품을 화면해설로 표현하는 것도 어려운데, '이 세상에 존재하지 않는 지옥의 모습을, 일곱 개의 지옥마다 받는 형벌을 어떻게 알아들을 수 있게 해설할 수 있을까'라는 염려 때문이었다. 게다가 대사와 대사 중간중간에 해설을 쓸 수밖에 없어서 지옥의 모습을 충분히 설명할 틈이 없다는 게 더 문제였다.

먼저, 늘 하던 대로 눈을 감고 감상해 보았다. 그런데 주인공이 지옥을 통과할 때마다 거의 비명밖에 들리지 않았다. 하다못해 지옥이 어떻게 생겼는지 대화라도 나눌 법한데 그런 장면은 거의 없었다. CG가 발달하다 보니 강렬한 인상을 주기 위해서 지옥의 모습을 대부분 CG로 처리했기 때문인 것 같았다. 이번엔 눈을 뜨고 감상했다. 예상한 대로 화려하고 수준 높은 CG에 입이 떡 벌어졌다. '아… 저걸 묘사해야 하는구나. 어떻게 해야 하지…?' 암담했다. 그래도 화면해설을 완성했다. 그 지옥의 모습을 몇 개만 소개해 볼까 한다.

• • •

영화는 다음과 같은 자막으로 시작한다.

사람이 죽어 망자가 되면 저승에서 사십구일에 걸쳐 일곱 번의 재판을 받게 된다. 저승의 일곱시왕은 거짓, 나태, 불의, 배신, 폭력, 살인, 천륜을 심판하며 모든 재판을 통과한 망자만이 다음 생으로 환생한다.

—『불설수생경』

이어서 자막에 언급된 일곱 개의 지옥을 그린 민화가 등장하는데 이 지점부터 당황하기 시작했다. 끔찍한 형벌이 가해지는 일곱 개의 지옥이 단 1분 만에 지나갔다. 각각의 지옥을 스무 글자에서 서른 글자 내외로 그럴듯하게 설명해야만 한다는 의미였다.

나는 그 장면을 다음과 같이 해설했다.

일곱 개의 지옥을 묘사한 민화가 이어진다.

무시무시한 물고기들이 망자를 뜯어 먹는 지옥

얼음 속에 망자를 가둬놓는 지옥
무중력 상태로 떠다니며,
휘몰아치는 돌덩이에 맞는 형벌을 받는 지옥
용암이 들끓는 불구덩이에 떨어지는 지옥
망자를 거울에 가두고 파괴하는 지옥
칼날로 이루어진 나무들이, 망자의 온몸을 도려내는 지옥
모래사막에 파묻히는 형벌에 처해지는 지옥

이 일곱 개의 지옥은 주인공인 자홍이 저승에 가서 재판을 받고 그 결과에 따라 가게 될 수도 있는 지옥의 모습이다. 자홍은 소방관으로 화재 현장에서 어린아이를 구하다가 추락해 망자가 되고, 저승의 일곱 재판장을 거치게 된다. 첫 번째로 도착한 곳이 살인지옥 재판장이다.

갑자기 피고인석이 갈라지더니 자홍이 서 있는 자리만 기둥처럼 남는다. 까마득한 낭떠러지 아래 용암굴에서, 시뻘건 용암에 빠진 망자들이 고통스러워 발버둥치고 있다. 새까맣게 몰려든 망자들이, 자홍이 서 있는 기둥을 타고 올라오려 필사의 몸부림을 친다.

자홍은 다행히 무죄를 선고받아 살인지옥에 떨어지지 않고 나태지옥 재판장에 도착하게 된다.

강물이 떨어져내리는 까마득한 폭포 아래에는 거대한 원형

의 형벌장이 있다. 중심축에서 가로로 뻗어나온 돌기둥 세 개가 회전하고, 깔리지 않으려고 뛰던 망자들이 물에 빠지면 무시무시한 인면어들이 사정없이 물어뜯는다.

인면어는 사람 형상의 물고기로 앞선 장면에서 해설을 했기 때문에 여기서는 생략했다. 자홍은 나태지옥도 가까스로 통과해 칼날로 이루어진 나무숲 검수림을 지나고, 거짓지옥 재판장에 이어 불의(不義)지옥에 당도한다. 검수림까지는 그래도 어렸을 때 즐겨 봤던 전설의 고향에 나왔음직한 장면이었지만 불의지옥부터는 첨단(?) 시스템이 도입된 지옥이었다. 거짓지옥 재판장엔 홀로그램이 등장하고, 불의지옥에서는 케이블카를 타고 이동했다.

저승의 케이블카는 얼음블록이 쌓여있는 거대한 통로를 지나간다. 얼음블록 안에 망자가 갇혀있다. 노인의 모습을 한 오관대왕이 얼어붙는 망자를 지켜본다.

얼음블록에 갇히는 위기를 겪은 자홍은 거울로 만들어진 돔 형태의 배신지옥을 통과한 뒤, 폭력지옥 재판장에 선다.

폭력지옥 재판장에서 돌로 만들어진 사람 모양의 업경이, 전생에 자홍이 저지른 폭력행위를 그대로 재현하고 있다.
재판장이 진동하고 돌덩이가 떠오르더니 바닥의 철골구조물만 남기고 아래 깔려있던 돌들이 무너져 내린다.

피고인석에 있던 자홍은 일부만 남은 돌무더기 위에 간신히 균형을 잡고 서 있다. 재판장 아래 모습을 드러낸 형벌장에는 수없이 많은 망자들이 무중력 상태로 떠다니며 휘몰아치는 돌덩이에 맞고 있다.

마지막으로 자홍은 천륜지옥 재판장에서 재판을 받게 된다. 이 장면은 영화의 클라이맥스이기도 하고, 무엇보다 지엄한 염라대왕이 등장한다. 가능한 한 압도적인 묘사로 재판장을 설명하고 싶었다.

천고사막의 천지가 진동하고 사방에 모래폭풍이 일어난다. 덕춘이 있는 곳이 지진이 난 것처럼 흔들리더니 모래 속에서 거대한 돌기둥들이 융기하고 있다. 강림과 해원맥이 긴장하며 땅에서 솟구쳐 오르는 천륜지옥의 웅장한 재판장을 보고 있다. 뒤에는 돌기둥들이 병풍을 두른 듯 세워져 있고 앞에는 거대한 고인돌들이 자리잡고 있다. 염라대왕은 거구의 사슬인간을 대동하고 높은 단 위에 서 있다. 한 단 아래 두 명의 판관이 자리해 있고 재판장 가운데 연꽃 문양의 업경이 있다.

대체로 이런 형태로 지옥의 재판장과 형벌을 해설하면서 중간중간 틈이 날 때마다 보충 설명을 했고, 인면어나 업경같이 낯선 단어가 나올 때는 간단하게라도 해설을 덧붙였다. 지금 되돌아보면 부족한 점도 많지만, 일곱 개의 재판장과 그 재판장을 관할하는 대왕들의 모습에 중점을 두고 해설에 집중했고, 각각의 재판장에서 어떤 형벌을 받는지도 연계해서 묘사하려고 노력했다.

• • •

처음 영화를 봤을 때는 이 세상에 존재하지 않는 지옥을 사실감 넘치게 담아낸 기술력에 감탄했고, 천만 관객이 선택한 영화를 제대로 해설해 보고 싶다는 욕심이 생겼다. 당시는 영화 영상을 흑백으로 받을 때라, 없는 시간을 쪼개서 극장에 갔고, 영화를 보는 내내 컴컴한 어둠 속에서 노트에 메모를 해 왔다.

흑백으로 영상을 보면서 궁금했던 점을 머릿속에 넣은 상태로 극장에서 영화를 보며 휘갈겨 쓰듯이 메모를 해나갔다. 각각의 지옥은 어떤 색으로 이루어져 있는지, 재판장의 대왕들은 눈동자에 핏발이 섰는지, 얼굴엔 검붉은 실핏줄이 번져있는지, 흑백 영상으로는 확인이 되지 않는 장면들이 너무도 많았다. 최대한 메모하면서 가능한 한 눈에 담고 기억하려 애썼다.

영화 작업을 시작하기 전에 자료도 수없이 검색했다. 화면해설작가들이 가장 신경 쓰는 건 화면해설을 잘 쓰고 못 쓰고가 아니다. 틀리지 않게 해설하는 것이다. 틀린 해설은 아예 화면해설이 없는 것만 못하다고 말한다. 그래서 자료 검색이 중요하다. 마감은 시시각각 다가오고 시간은 부족했다. 주어진 시간 동안 내내 이 영화에 매달렸던 것 같다. 그렇게 완성한 〈신과 함께—죄와 벌〉 화면해설 버전은 무사히 극장에서 상영이 됐고 다행히 좋은 평가도 받았다.

돌이켜보면 힘은 들었지만, 이때 공부했던 많은 것들이 지금 나의 자산이 되어 있는 게 아닌가 싶다. 〈신과 함께—죄와 벌〉을 만나고 난 뒤에, 유난히도 특이한 드라마들의 화면해설을 많이 쓰게 되었기 때문이다.

공인중개사이면서 퇴마사가 주인공인 〈대박부동산〉. 퇴마사가 주인공이니 당연히 매 회차 모골을 송연하게 만드는 원귀가 등장했다. 〈지리산〉은 산악 레인저들이 주인공이라 안심했으나 남자 주인공인 강현조가 주로 생령(귀신)으로 모습을 드러냈다. 거기다 한술 더 떠 〈불가살〉은 600년 동안 살고 있는 요괴 불가살이 주인공. 급기야 〈환혼〉은 영혼을 바꾸는 환혼술로 인해 운명이 뒤틀린 주인공들의 이야기다. 이제는 다음에 맡게 될 드라마가 평범한 사람인지 아닌지 그것부터 확인하게 되고, 평범한 사람이 나오면 일단 감사하게 되는 상황이다.

그래도 〈신과 함께—죄와 벌〉 이후로는 아무리 인간이 아닌 주인공이 나오고, 원귀가 판을 치고, 영혼이 뒤바뀌어 내가 너인지, 네가 나인지 뒤엉킨 상황이 주어져도 당황하지 않게 되었다. 열심히 고민하고, 자료를 찾아보고, 공부하면 된다.

화면해설에 불가능은 없다. 노력한 만큼 결과물이 나온다.

그래서 나는 이 일이 좋다.

6장

영화 〈미나리〉 : 호평과 찬사 사이에서

김은주

영화 〈미나리〉. 많은 호평과 찬사를 받은 영화다. 그러나 나에게는 힘들게 화면해설 작업을 했던 영화로 기억에 남아 있다. 다른 영화들에 비해 작업 시간이 너무 촉박했고, 배경도 낯선 미국인 데다가 등장인물들 이름조차 알 수가 없어서 얼마나 많은 검색을 했는지 모른다.

화면해설에 필요한 자료를 찾으려고 검색한 시간과 화면해설 대본을 작성한 시간이 거의 비슷할 정도였다. 화면해설 쓰기 어렵거나 난해한 작품들을 보고 농담 반, 진담 반 '이번에 또 작가는 갈려 나겠구나' 생각하는데, 첫 장면을 보면 대충 감이 오는 경우가 많다. 아니나 다를까. 〈미나리〉 역시 첫 장면부터 난관이었다.

타이틀이 뜨고 이어지는 장면이 데이빗 가족이 이사 가는 길목에 만나는 바깥 풍경인데, 눈에 가장 띄는 것이 '곤포 사일리지'였다. 누군가는 공룡알 같다고 하고 누군가는 마시멜로 같다고 하는, 볏짚을 여러 겹 밀봉해 놓은 건데 이걸 어떻게 설명할 것인가?'

먼저 단어부터 찾는다. 온갖 검색어로 알아낸 단어가 '곤포 사일리지'. 하지만 곤포 사일리지라는 단어를 알아냈다고 해서 모든 게 해결되는 것은 아니다. 곤포 사일리지라는 단어 자체를 모르는 사람도 있을 테고, 생김새를 모르는 경우도 있을 테니, 고민을 해도 뾰쪽한 답이 나오지 않을 때가 많다. 그래도 어떻게든 설명을 해야 한다. 머리를 쥐어짜고 쥐어짜서 결국 완성한 한 문장.

(타이틀 사라지면)
마시멜로 같은, 하얀 곤포 사일리지가 줄줄이 놓여 있는
녹음 짙은 들녘을 지나
앞서가던 트럭이 좁은 비포장도로로 접어들자
모니카도 뒤따른다.

"원래 작품의 시나리오가 있지 않나요? 그걸 참고하면 될 거 같은데…."

누군가는 이렇게 질문할 것 같다. 애석하게도 〈미나리〉는 제공된 원 시나리오에는 지문은 고사하고 신 구분도 없었으며, 장소조차 표시되어 있지 않았다.

게다가 등장인물들 이름조차 영어로 쓰여 있었는데, 제일 난감했던 인물 중 하나가 'DOWSING DAN'이라고 되어 있던 인

물이다. 수맥을 찾던 아저씨인데 풀어서 써주자니 너무 길어지고, 쓰여 있는 그대로 '다우징 단'이라고 하면 알아들을 수 없을 것 같았다. 고민 고민을 하다가 화면해설에서는 '수맥탐지사'라고 쓰기도 했다.

하얀 천으로 눈을 가린 수맥탐지사가
알파벳 와이 자 모양의 나무 막대를 두 손으로 들고 있다.

또 제이콥과 모니카의 직업 '병아리 감별사'. 말 자체도 생소한 데다가 병아리 감별을 어떻게 한다는 건지 도통 알 수가 없었다. 그래서 거짓말 조금 보태서 그 장면을 입에서 '토 나올 때까지' 보고 또 보기도 했다. 내 눈에는 그냥 다 같은 병아리로 보였으니 뭔가 다른 점이 보일 때까지 영상을 보고 또 보는 방법밖에는 없다.

감별사들이
병아리의 암수 구분을 해
파란 상자와 하얀 상자에 나눠 담고 있다.

제이콥이 병아리의 엉덩이를 들여다보며
재빨리 암수 구분을 한다.

정말이지 영화 〈미나리〉에 대해 조금이라도 언급이 된 게시물이라고는 다 찾아보게 했던 장면이 있다. 데이빗이 교회에서 만난 조니 집에 놀러갔을 때, 뭔가를 입에 넣고 씹는 장면이 나오는데, 이건 정말이지 입에서 단내가 날 때까지 봤는데도 뭔지를 알 수가 없었다.

온갖 리뷰를 찾아 읽어보고서야 겨우 알아낼 수 있었던 게 잎담배였다. 잎담배를 본 적도 없고 어떻게 사용하는 건지도 모르니 당연한 거겠지만, 누군가 친절하게 남겨 놓은 리뷰 덕분에 어쩌면 해설을 쓰지 못했을 장면을 겨우겨우 완성할 수 있었다.

서랍에서 선글라스를 꺼내 쓴 조니가
동전과 지폐가 들어 있는 유리병을 흔들어보고
잎담배도 꺼내 든다.
조니가 잎담배를 아랫입술과 잇몸 사이에 넣는다.
보고 있던 데이빗도 따라 해본다.

여기서 끝났으면 '나를 힘들게 했던 작품' 목록에서 빠질 수도 있었을 텐데, 우리에게는 익숙지 않은 트레일러 집도 설명해 줘야 했고, 순자가 가꾸어 놓은 '미나리밭'도 묘사해 줘야 했다. 농작물 창고가 불타는 장면은 '어떻게 써야 하나' 걱정스러우면서도 그 장면이 나오면 영화가 끝날 것 같아 한편으로는 빨리 나왔으면 하고 바라기도 했다.

이쯤 되면 힘들었던 기억만 남아 있는 게 당연하다 싶기도 한데, 오르막이 있으면 내리막이 있듯이 웃으면서 작업했던 장면들도 꽤 있었다. 특히 외할머니 '순자'와 손자 '데이빗'의 티키타카는 지금도 나를 미소 짓게 한다. 또 '산에서 온 이슬 물'

마운틴듀는 지금도 슈퍼 같은 곳에서 보면 괜히 피식거린다.

• • •

사실 호평과 찬사를 받은 작품들의 화면해설을 맡게 되면 부담감도 함께 커진다. 내가 쓴 화면해설이 더해져서 혹여 잘 만들어진 작품에 누가 되지는 않을까 하는 염려 때문이다.

그래서 화면해설 대본 작업을 시작하기 전, 가장 먼저 영화는 원 시나리오, 드라마는 원 대본을 확인한다. 어떤 이야기를 담고 있는지를 확인하고, 이 영화와 드라마가 전하고자 하는 이야기를 시각장애인들에게 제대로 전달하기 위해서다. 그러니까 배우가 몸짓, 눈짓, 표정으로 표현한 것들을 고스란히 전해주기 위해서도 원 시나리오, 원 대본은 필요하고, 배경이 되는 장소가 어디인지, 등장인물들 이름이 무엇인지를 확인하기 위해서도 필요하다.

여기서 화면해설작가들이 필요로 하는 원 시나리오와 원 대본이란, 장소와 시간에 따라 신이 구분되어 있으며 대사와 지문이 있는 경우를 말한다. 예를 들면 이런 식이다.

S#1 학교 벤치 / 낮

점심시간. 벤치에 앉아 그림을 그리고 있는 영희.

철수가 다가온다.

영희 (돌아보며) 왜 왔어?

철수 (옆에 앉으며) 뭐 하냐? 잘 그리지도 못하면서
맨날 그림이나 그리고….

그런데 영화 화면해설 작업을 할 때 받는 건 이런 대본이 아니라 아래와 같은 대사 리스트가 대부분이다.

영희 왜 왔어?
철수 뭐 하냐? 잘 그리지도 못하면서
맨날 그림이나 그리고….

장소가 표시돼 있는 경우도 있지만 그렇지 않을 때가 더 많고, 심지어 누가 말하는지 알 수 없게 대사만 적혀 있는 대본도 있다.

영화 〈미나리〉 역시 대사 리스트만 제공되었기에 작업 내내 '혹시 잘못된 정보를 제공하는 건 아닐까', '여기는 어디일까?' '등장인물들은 무엇을 하고 있는 걸까?' 등을 고민할 수밖에 없었다. 만약 제대로 된 원 시나리오가 제공됐다면 이 고민하는 시간을 줄여 〈미나리〉가 받은 호평과 찬사를 시각장애인분들에게 더 잘 전해드릴 수 있지 않았을까….

화면해설작가들이 대본을 찾는 이유는 딱 하나다. 그저 화면해설을 잘 쓰고 싶을 뿐이다. 영화를 만들고 드라마를 만들고 예능을 만든 제작진들이 하고자 하는 이야기, 전하고자 하는 감동과 웃음을 더 많은 사람들에게 전달하고자 하는 것뿐이다.

7장

<쇼다운>, 그러다 녹다운(knockdown)

이진희

"10 대 10 배틀을 시작하겠습니다~"

"DJ Spray! Let's get to the showdown~~"

마음이 진정되지 않아 의자에 앉은 몸이 들썩이고 두 손에선 땀이 났다. 10 대 10 배틀은 뭐람. 말 그대로 열 명 VS 열 명의 댄스 배틀. 몇 주 작업을 하는 동안 이렇게 많은 인원의 배틀은 처음 있는 일이었다. 인원이 많은 만큼, 당연히 시간도 배로 걸렸다. 그런데 이날은 제작 시간도 당겨졌다. 8시 30분. 감이 왔다. 사고를 단단히 치겠구나 하는 감.

브레이킹 서바이벌 프로그램 〈쇼다운〉 4주째, 한 주도 조용히 지나가는 일 없이 나를 괴롭히던 프로그램인데 결국 터질 게 터지고 말았다. 70분짜리 예능을 제작 시간에 못 맞춰 오전 내내 쪽대본을 날리다가 성우분의 일정상 제작을 중단하고 미루는 일이 벌어졌다.

변수가 많은 일이라 예상 작업 시간을 정해둔다고 해서 꼭 그 시간에 맞춰 작업이 끝나지는 않는다. 내 잘못만도 아니다. 본방은 금요일 밤 10시 50분이지만 월요일 오후 저녁 가까워져서야 거의 반 토막에 가까운 편집본이 올라오니 미리 작업도 못하고 편집본을 기다리는 수밖에 없었으며, 영상을 다운받고 대화를 텍스트로 바꾸는 작업과 저녁식사 등을 마쳐야 작업에 들어갈 수 있어 몇 시간의 여유도 필요했다.

그러고 나서 미친 듯이 달렸지만, 다음 날 아침 제시간 마감은 어림도 없는 일이었다. 밤을 꼴딱 새우고도 마감을 깔끔하게 하지 못했을 때는 아무리 속으론 '내 잘못 아냐!'라고 외친들 사실은 그렇게 당당해지진 못한다. 엔지니어에게 미안하다 말하고, 성우에게 사과하고, 중간에서 고생한 직원에게도 미안하단 말을 전한다. 그렇게 한바탕 사과를 쏟아내야 상황이 마무리되는 느낌이 든다.

• • •

우리가 하고 싶은 작품을 마음대로 고를 순 없지만, 거절할 수 있는 자유는 있다. 그럼에도 거창하게 얘기하자면 운명처럼 받아들여야 할 것 같은 프로그램이 있다. 내게 〈쇼다운〉이 바로 그런 프로그램이었다.

이미 댄스 영화를 한 번 작업한 적이 있어 '브레이킹'이 생소하진 않은 데다가 이런저런 스케줄로 다른 프로그램들을 줄곧 거절하고 버려왔던 터라 이건 그냥 받아들여야 할 것 같았다.

더욱이 어마어마한 프로그램이라는 걸 이미 알고 있는 상황인데 '어려워서 거절'한다는 건 양심상 힘들기도 했다.

'시각장애인이 브레이킹 프로그램을?'이라고 생각하는 분이 계실지 모르겠다. 화면해설작가들끼리도 아무리 애를 써도 이해하기 어려운 프로그램을 작업할 때면 '이게 의미가 있을까' 생각할 때가 있다.

그런데 그 의미를 우리가 찾아도 되는 걸까? 몇 달 전, 다른 작가분이 발레공연 해설 작업을 한 적이 있다. 그때 모니터 요원들의 반응이 너무 인상적이었다. 하나같이 발레공연이 처음이라고 답했고, 작가의 노력에 고마움을 표하면서 새로운 시도를 환영했다. "해설이 없다면 음악밖에 즐길 수가 없을 텐데, 해설을 들으며 발레와 좀 가까워진 느낌입니다."와 같은 모니터링이 줄을 이었다.

즐길 수 없었기 때문에 가까이 할 수 없었던 것이지, 이분들도 우리와 똑같이 경험의 욕구가 있다. 시각장애인들이 춤이나 서핑을 배울 수 있는 기회가 점차 늘어나는 것도 다 함께 반기는 분위기다. 그러니 브레이킹이 아니라 브레이킹 할아버지(이런 올드한 표현밖에 떠오르지 않다니!)라도, 화면해설작가라면 써야 한다.

그렇게 단단히 각오를 하고 만났건만, 그럼에도 이 프로그램을 작업하며 당황한 몇 가지가 있었다. 다른 예능에 비해 '자막'이 별로 없다는 점! (그 어느 때보다 내겐 자막이 필요한 프로그램인데! 프로그램 취지상 그림을 보여주는 데에 중점을 둔 듯하다.) 또 춤을 출 땐 크루원들이 가슴에 달고 있던 명찰을 뗀다는 점이었다. 물론 명찰을 붙인다 한들 움직임이 빨라 명찰을 읽을 수 있을 리도 만무했지만. 3, 4회 차 정도 작업을 하고 나서야 크루원들을 알아볼 정도로 익숙해졌고, 그런 이유 때문에라도 '이 프로그램은 내가 끝까지 책임져야겠구나.' 다짐을 하게 됐다.

그런 내 뒤통수를 보기 좋게 날린 일화도 생겼다. 한 크루가 무대 콘셉트상 모자와 복면을 하고 나왔던 것. 울고 싶었지만 그럴 시간이 없었다. 한시도 허투루 쓰지 않고 달리는 게 중요했으니까. 영상을 앞으로 넘기고 뒤로 넘기고, 최대한 그 사람의 특징을 찾았다. 키가 큰 크루원, 손목에 보호대를 찬 크루원, 바지 끈을 유달리 길게 뺀 크루원, 뒤통수에서 모자 끈이 달랑거리는 크루원…. 이후 그들의 복면 벗은 모습과 비교해서 이름을 매칭해 메모해 두고, 영상에 초집중해 해설을 해나갔다.

웡이 베로의 손을 맞잡고 그를 다리 사이로 통과시킨다.
베로가 한 팔을 옆구리에 붙여 몸을 띄운 뒤 회전!
사이드 체어 스핀을 완성한다.
소마의 파워무브!
그가 한 손을 짚고 거꾸로 세운 몸을 회전하는
나인틴 동작을 한다. 이어지는 다섯 크루원의 칼군무!

동작 설명도 어려웠지만 브레이킹 전문 프로그램답게 용어를 함께 해설해 주는 게 좋은데 아주 중요한 기술 몇 개에만 자막이 등장하고 있어 나는 혼자 공부를 하는 수밖에 없었다. 이 프로그램은 3회부터 화면해설 제작을 시작했고, 내가 맡게 된

건 정확히 4회부터였다. 드라마가 1회가 중요하듯 오디션, 서바이벌 프로그램 역시 첫 회가 중요하다. 개개인의 스토리들이 그때 풀리기도 하고, 여러 가지 면에서 방송이 훨씬 친절하기 때문이다.

아마 1회부터 편집 없이 120분 분량 그대로 화면해설이 제작됐다면 나 역시 갑자기 무대로 내동댕이쳐지는 기분은 느끼지 않았을지도 모르겠다. 그렇게 용어 습득의 기회가 적었지만, 그래도 꼭 필요해 보이는 용어들을 찾아 동작과 함께 해설해 주려고 노력했다.

자신도 없고, 완벽하지도 못하지만, 써야 했다. 충분한 시간이 주어지고, 또 영상에서 해설이 들어갈 공간 또한 많다고 해도 이건 누구도 완벽하게 쓸 수 없다는 전제를 깔고 작업했다. 그러지 않으면 이 산을 넘을 수 없을 것 같았다.

• • •

제작 사고의 여파는 늘 크다. 앞서 말했던 〈쇼다운〉 4주 차 작업의 사고 이후, 다음 날 드라마 화면해설 원고는 어떻게 마감했는지 기억에도 없다. 그다음 주 예정이었던 영화 작업은 대타 작가를 구해달라 청했다. 며칠 쉬고 다음 주 〈쇼다운〉이라는 산을 또 넘어야 했으니까. 어쨌든 상황은 잘 봉합되었는데도 그 주 내내 마음이 편치 않았다. 자꾸 바닥으로 무너졌고, 내 능력을 의심했다.

"잠깐 걷다 올게." 그 주 주말, 운동화를 신고 이어폰을 꽂은 채 집을 나섰다. 그냥 무작정 걷고 싶은 날은 횡단보도 앞에 멈춰 서는 것도, 혹시 차량이 오나 싶어 뒤를 힐끔대느라 주춤대는 것도 무척 성가시기만 하다. 그런 날에 찾아가는 곳은 근처 공원. 나는 발견의 기쁨을 누리는 산책만큼 무념무상으로 나를 혹사시키듯 걷는 걸 즐긴다. 사실 무념무상은 아니고 잡생각을 폭발시키는 시간에 가깝다. 일종의 반성과 충전.

그렇게 한 시간쯤 걸었을 때였을까. 선배 작가에게 연락이 왔다. 그날 오전, 오랜만에 안부 메시지가 도착해, '힘들고 괴로운 한 주'였다는 푸념을 했던 참이었다. 그러자 나를 다독이는 답장이 도착했다. 자신이 힘들 때 내 응원에 힘을 냈었다며 자신도 힘이 되어주고 싶다는 말로. 순간, 울컥 눈물이 맺혔다.

"늘 이 일 하면서 스스로의 한계에 부딪혀서 그런 듯해요. 힘내서 일하다가 한 번씩 또 무너지고의 반복인데 어쩔 수 없는 일이고 이런 게 발전의 원동력이 되고 있다고 스스로는 믿고 있어요." 진심, 진심 나는 그렇게 믿고 있다.

나만의 성과나 나만의 실패로 끝나는 일이 아니기 때문에 나의 부족함은 아프게 나를 때린다. 내가 부족해서 누군가에게 닿을 수 있었던 즐거움을 빼앗았다는 생각이 들 때면 바짝 위축이 되고, 누구에게랄 것 없이 그냥 죄스러운 마음이 든다. 그래도 털고 일어나야 한다. 고작 이걸로 무너지면 다음 산에 오를 수 없고, 이 산이 내게 있어 결코 마지막 산은 아닐 테니까.

그다음 주, 제작 시간이 조정됐다. 10시 30분 제작. 그래도 빠듯했다. 마감 시간만큼은 지키자는 각오로 이를 악물었고, 그날은 무사히 넘어갔다.

그리고 다음 날, 직원에게 연락이 왔다. "아 참, 어제 성우님이 애쓰셨다고 감사하다고 전해달라셨어요." 성우들도 녹음을 힘들어했던 프로그램이었던지라 시간을 맞추지 못했을 때도 이해해 주셨는데, 이번엔 감사의 인사까지 전해준 것이었다.

또다시 눈물이 핑 돌았다. 이토록 멋지고 에너지 넘치는 프로그램이 어쩌다 내 눈물 버튼이 되었을꼬. 그래도 바닥에 납작 엎드려 있던 기운이 조금은 부풀었다. 슬리퍼를 끌고 옥상에 올라가 바람을 맞았다. 아카시아 향기가 훅 밀고 들어온다. 이삼십 미터 거리에 있는 공터의 그 아카시아일 것이다. 기분 좋은 바람과 향기에 기운이 다시 조금 더 부풀었다. 수도 없이 꺼질 날이 오겠지만, 그래도 괜찮다. 나를 부풀리고 등을 밀어주는 것들은 또 있을 테니까.

8장

빌라 그리말디, 평화를 글로 전달하기

권성아

평화를 위해 희생된 사람들에 관한 다큐멘터리를 맡아 작업한 적이 있다. 다큐의 영상에서는 칠레의 빌라 그리말디(Villa Grimaldi)라는 곳을 보여주며 다음과 같은 내레이션이 흘러나온다.

그래서일까요. 살아남은 자들은 기억의 실마리를 놓치지 않기 위해 노력하고 있습니다. 이를 잘 보여주는 곳 가운데 하나가 바로 빌라 그리말디입니다. 천국이라고 불리던 명성과 다르게 국가정보기관으로 사용되면서 감금과 고문, 학살이 자행됐던 곳입니다. 이러한 곳에 군부 독재가 끝나고 과거의 흔적을 지우기 위한 대규모 아파트가 들어설 위기가 있었습니다. 하지만 피해자 가족들의 끈질긴 노력으로 현장은 보존되고, 지금 이렇게 훌륭한 역사 교육과 기억 공간으로 재탄생하게 된 것입니다.

내레이션과 함께 보이는 영상에는 아름다운 정원에 꽃들이 피어 있고 꽃송이마다 글자가 적힌 팻말이 붙어 있다. 글자들은 언뜻 보기에도 여자 이름 같다. 학생처럼 보이는 사람들이 옷장 크기만 한 나무집 앞에서 심각한 표정으로 설명을 듣고 있는 장면도 나온다. 도대체 꽃마다 붙어 있는 팻말은 무엇이고, 옷장만 한 나무집은 무엇이길래 학생들이 저리 심각한 표정으로 설명을 듣고 있는 거지? 사전에 받은 원고에는 내레이션 외에 어떠한 정보도 없었다.

• • •

빌라 그리말디는 과거 칠레의 피노체트 독재 정권 치하에서 정부에 반대하는 사람들을 국가정보부가 감금하고 고문한 곳이었고, 지금 그곳은 희생된 사람들을 기리는 추모의 공간으로 조성되어 있다. 그래서인지 옷장 크기의 작은 나무집에서 뭔가 잔혹한 일이 벌어졌을 것 같은 느낌이 들었다. 이 추측이 사실과 부합하는지 검색해서 확인한 뒤, 영상에 담긴 느낌을 살릴 수 있도록 해설하는 것이 화면해설작가가 해야 하는 일이다.

1분 남짓한 이 장면을 해설하기 위해 한 시간도 넘게 검색에 매달렸다. 장소가 칠레이다 보니 자료도 많지 않았다. 마침내 어떤 기자가 쓴 기사를 찾았다. 빌라 그리말디의 추모정원에 피어난 꽃들은 장미꽃, 팻말에 적힌 건 당시에 희생된 여성들의 이름, 옷장 크기의 나무집은 잔혹한 감금 시설이었다.

영상에 나온 정보를 알아내는 데까지는 성공했다 해도 그걸

다 해설할 수는 없다. 게다가 내가 찾은 정보가 충분하고 그게 이 다큐멘터리를 이해하는 데 중요하다 해도, 영상에서 보여주는 이상을 해설해서도 안 된다. 긴 호흡의 여운이 중요한데, 빈틈을 온통 해설로 채운다고 좋은 화면해설도 아니다.

자료를 검색하고 정보를 수집하는 건 해설에 그대로 옮겨 쓰려는 것이 아니라, 해설의 토대를 만들기 위해 다큐멘터리를 이해하고 밑그림을 그리는 과정이라고 보면 될 것 같다. 전체 내용의 배경을 알고 해설하는 것과 모르고 하는 것은 천지 차이다. 그런 이유로 검색에 매달린다. 그 결과 빌라 그리말디 다큐에는 이렇게 화면해설을 입혔다.

(내레이션) 그래서일까요. 살아남은 자들은 기억의 실마리를 놓치지 않기 위해 노력하고 있습니다. 이를 잘 보여주는 곳 가운데 하나가 바로 빌라 그리말디입니다.

추모정원에 피어 있는 장미꽃마다
희생된 여성들의 이름이 쓰여 있다.

(내레이션) 천국이라고 불리던 명성과 다르게 국가정보기관으로 사용되면서 감금과, 고문, 학살이 자행됐던 곳입니다. 이러한 곳에 군부독재가 끝나고 과거의 흔적을 지우기 위한 대규모 아파트가 들어설 위기가 있었습니다.

빌라 그리말디 정원에는 복원된 건물 모형이 유리관에 전시돼 있다.

(내레이션) 하지만 피해자 가족들의 끈질긴 노력으로 현장은 보존되고, 지금 이렇게 훌륭한 역사 교육과 기억 공간으로 재탄생하게 된 것입니다.

젊은이들이 옷장 크기의 나무 감옥 앞에서 설명을 듣고 있다.

영상의 내용을 자세하게 해설할 수 있다면 가장 좋지만 해설이 들어갈 틈은 적고 해설이 있어야만 내레이션을 이해할 수 있을 때, 화면해설작가는 동시다발로 들어오는 수많은 시각 정보를 한 문장으로 압축해서 전달해야 한다. 지나친 해설도 삼가야 하지만 해설을 듣고도 궁금증이 남는다면 그 역시 좋은 해설이라 할 수 없다. 또 번역가가 오역이라는 실수를 하듯이 화면해설작가가 영상을 정확하게 이해하지 못하면 뜻을 잘못 전달할 위험도 있다.

• • •

보통 다큐멘터리는 내레이션과 영상 그리고 자막으로 구성된다. 영화나 드라마, 예능 프로그램 등은 영상이나 자막을 보지 않아도 배우나 출연자들이 주고받는 수많은 대화로 내용을 어느 정도 짐작할 수 있다. 당장은 모르더라도 듣다 보면 흐름이 파악되기도 한다. 하지만 다큐멘터리는 영상과 자막을 보지 않으면 내레이션이 의미하는 바를 절반도 이해하기 어려울 때가 꽤 있다. 영상과 자막의 역할이 크다. 그래서 화면해설이 더욱 필요한 것이다.

이런 다큐멘터리 화면해설 대본을 쓸 때 화면해설작가가 맞닥뜨리는 문제의 대다수는 비슷하다. 미리 받은 대본에는 없는 내용이 영상에 수두룩하게 등장한다는 점이다. 다큐멘터리 대본은 주로 내레이션 녹음을 위해 쓰인 대본이기 때문이다.

자막이라도 있다면 다행이련만, 그렇지 않다면 영상에 나오는 장면이 내레이션과 어떤 관련이 있는지 확인할 길이 없다. 그렇다고 사실을 다루는 다큐멘터리에서 사실 여부도 확인하지 않고 짐작만으로 해설을 쓸 수는 없는 노릇. 빈틈을 메우는 건 오롯이 화며해설작가의 몫이다. 작은 단서라도 찾기 위해 영상을 멈춰 놓은 채 눈을 부릅뜨고 구석구석 살펴봐야 한다.

배경이 되는 장소의 지명을 확인하려고 위성지도를 샅샅이 훑는다. 어떤 건물이나 조형물이 등장했는데 대본이나 영상에 설명이 없다면 온갖 뉴스 기사와 수많은 여행 블로그를 뒤져서라도 영상에 나온 건물이나 조형물이 무엇인지 찾아낸다. 그렇게 찾아낸 단서를 토대로 검색을 하고, 알아낸 자료를 가지고 화면해설을 쓴다. 단 한 줄의 화면해설을 위해 몇 페이지가 넘는 자료를 모으기도 한다. 이렇게 자료를 검색해 영상이 의미하는 바를 알아야 제대로 화면해설에 녹일 수가 있다.

앞에서도 말했지만 '평화' 같은 상징적인 단어를 다큐멘터리에 담아냈을 때 그 영상을 화면해설로 전달하기란 쉽지 않다. 장면 장면마다 수많은 상징이 있고 함축적인 의미를 내포하고 있기 때문이다.

내레이션이나 자막이 충실하지 않다면 그 영상이 내포하고 있는 평화의 의미를 파악해 적절하게 화면해설에 담아야 한다. 그러기 위해서 검색을 하는 것이다. 어떤 때는 '이렇게까지 힘들게 화면해설을 써야 하나'라는 생각이 들 때도 있다. 하지만 화면해설을 시작하면서 세웠던 나만의 원칙이 있다. 틀린 해설을 하느니 그럴 땐 아예 해설을 하지 말자는 것.

이 일을 하는 동안은 그 원칙은 지키면서 일하고 싶다. 그 원칙을 지킬 때 '평화'처럼 아름다운 말을 제대로 된 화면해설로 전달할 수 있을 테니까 말이다.

9장

드라마 <나의 해방일지> : 구씨는 나를 일하게 하고, 창희는 나를 쉬게 한다

이진희

"잘 잤어? 나야 안 씨." 아침부터 남편이 나를 웃긴다.

"사랑으론 부족해, 날 추앙해!"가 우리 부부 유행어가 된 지는 오래다. 신드롬급의 추앙 열풍을 일으킨 드라마라 어딜 가도 흔한 모습을 볼 수 있을 테지만, 우리에겐 조금 더 특별하다. 내가 작업한 드라마를 남편과 함께 시청한 유일한 드라마기 때문이다.

드라마를 그다지 좋아하지 않는 남편과 '본방사수'를 함께 하고, 드라마 이야기를 나눌 수 있는 건 정말 귀한 일인데, 그걸 해낸 게 바로 〈나의 해방일지〉, 박해영 작가였다. 나로 말할 것 같으면, 시청자로서 기다리고 있던 이 드라마 의뢰가 들어왔을 땐 무조건 하고 싶다는 생각뿐이었고, 남편은 처음엔 별 반응이 없다가 시간이 남는 어느 날 4회까지 정주행을 하고 나더니 그 주 주말 밤부터 나와 함께 TV 앞에 앉기 시작했다. 심지어 5회를 기다리는 동안엔 〈나의 아저씨〉를 완주하고선 대본집까지 사서 얼마나 아껴가며 읽던지(많은 사람들이 알고 있는 사실이지만, 〈나의 아저씨〉는 박해영 작가의 전작이다). 드라마에 한번 빠지면 허우적대는 나를 이젠 이해하게 됐단다. 아, 놀라워라!

바로 전에 작업했던 〈사내맞선〉은 속도감이 굉장해 말과 말 사이 틈새 공략을 하느라 꽤 애를 먹었다. 그러고 나서 〈나의 해방일지〉를 하려니 갑자기 시간이 정말 엿가락처럼 쭉쭉 늘어난 느낌을 받았다. 여행을 갈 때, 난 일단 필요한 물품들을 한곳에 다 꺼내 쌓아두고 필요 없는 것들을 솎아내듯 가방을 챙기는 버릇이 있다. 화면해설도 대체로 그렇게 작업한다. 필요한 내용을 다 써두고 지우는 전략을 쓴다.

하지만 〈나의 해방일지〉는 다 담아도 가방 안이 낙낙하게 남을 때가 많았다. 처음엔 이걸 다 채워야 하지 않을까 하는 강박에 시달렸는데, 기본적으로 작품에서 드러내고 싶어 하는 여백을 살려야 한다는 결론을 내렸다. 평소의 나답지 않게 2초 3초, 때로는 더 길게 여운을 주는 방법을 택했다. 물론 그 전략을 다 성공시킨 건 아니다. 속도는 한없이 느렸지만, 화면 안에 담긴 꽉 찬 분위기를 다 해설하고 싶어 전전긍긍하던 순간도 많았다. 여유롭지 못한 성격이 작업에 늘 고스란히 드러난다. 아, 또 반성의 시간!

• • •

이 드라마의 특징 중 하나라면, 캐릭터를 딱 이분법으로 구분할 수 있다는 점이었다. '말 많은 캐릭터'와 '말 없는 캐릭터'! 이게 이토록 뚜렷한 드라마가 이제껏 있었을까?

드라마에서 등장한 신조어 '다말증'(말이 많다는 의미)은 드라마 속 염가네 삼 남매 중 둘째, 창희(이민기 분)의 입에서 다른 이를 흉보기 위해 나온 말이지만, 그도 다를 바 없었다. 엄청난 대사량에 저걸 어떻게 다 외웠을까 신기할 정도로 창희는 말이 많았다.

다른 행동을 하면서 하는 말도 아니었다. 대체로 누군가에게 우다다다 털어놓는 말. 그런 창희는 나를 쉬게 했다. 그래서인지 후반부 창희가 잠시 입을 닫고 있을 땐 특히 더 가슴이 아팠다. 가장 애정한 캐릭터여서 그렇기도 했지만, 달라진 창희마저 나를 일하게 만들었으니까.

그렇다면 이 드라마의 최고 화제의 캐릭터 구씨(손석구 분)는 어떠한가. 구씨는 첫 회 20분쯤 지나 첫 등장을 했는데, 놀랍게도 첫 회 내내 한 대사라곤 "잘 먹었습니다." 이 한 문장이었다. 구씨와 '추앙' 관계에 놓이는 염가네 막내 미정(김지원 분)도 마찬가지였다. 두 사람의 본격 추앙이 시작되기 전까지 미정의 입도 꽤나 무거웠다.

두 사람은 첫 회부터 말없이 가족들과 밥만 먹으며 묘한 긴장감을 형성했고, 데면데면 서로를 스쳐 지나가기만 했다. (그런 구씨가 본래의 '구자경'으로 돌아온 뒤 그의 일상을 풀어낸 13회는 내게 있어 가장 힘들었던 회차로 남아 있다.) 구씨는 이후 자신의 옛 업장을 찾아가 자신의 뒤통수를 치려던 백 사장 앞에서 갑자기 신문을 몇 줄 읽으며 입을 푼 뒤 이런 말을 한다.

"내 파트너가 말이 없어서, 종일 한 마디도 안 해. 그래서 내가 말이 느려졌어. 심지어 버벅 대. 간만에 왔는데, 버벅대면 폼이 안 나잖아."

구씨피셜, '말이 없는 파트너'는 누구인가. 미정의 아버지 제호(천호진 분)다. 두 사람뿐인 신이 등장했을 때, 화면해설작가는 너무나 바빠진다. 대체로 등장인물들은 말이 없어도 행동을 하면서 얼굴에 표정을 담는다. 그런데 미정과 구씨 그리고 제호는 '가만히', '묵묵히', '담담히' 있을 때가 많았다. 나 역시 이 부사들을 돌려 막기를 하듯 쓸 수밖에 없었다.

가만히, 묵묵히, 담담히, 잠잠히…. 웃는 것도 활짝 웃는 인물은 많지 않았다. 엷게, 옅게, 희미하게, 또, 잔잔하게 미소를 짓거나 미소를 머금었고, 대체로 소리 없이 웃었다. 그리고 '멍하니' '먼 산' 혹은 '허공'을 바라보았고 공허하거나 쓸쓸하거나 가라앉은 눈빛일 때가 많았다.

드라마는 초반, 거의 〈전원일기〉급의 잔잔한 시골 풍경과 일상들을 풀어냈다. 영상을 보는 시청자들이야 느긋하게 그 분위기를 따라가면 되겠지만, 시각장애인들에겐 화면해설작가의 등판이 필요한 시점이다.

시간이 지나 구씨가 혼자 떨어져 앉아 바람에 땀을 식히며
먼 산을 응시하고 있다.
제호네 가족은 새참으로 국수를 먹고 있다.
(이어서) 산등성이에 가까워진 태양은
마지막 열기를 내뿜고

구씨의 눈빛은 멍한 듯 깊어진다.
(그릇 내려놓는 아버지) 제호가 국물까지 마신 뒤
그릇을 내려놓는데
창희와 미정은 땀에 전 얼굴로 무표정하게 국수를 먹는다.
(아버지 일어나면) 제호가 몸을 일으켜 밭으로 향하자
구씨가 들고 마시던 그릇을 내려두고
밀짚모자를 챙겨 뒤따른다.
혜숙도 뒤따라 일어서고
미정도 군말 없이 일어나 밭으로 향한다.

1회에 나를 깜짝 놀라게 한 대파밭 신이다. 작가와 감독의 뚝심, 배우들의 진심이 느껴진 장면이었다. 리얼 가족을 보여주던 드라마였던지라 가족들은 말없이 대파밭 일만 한다. 새참을 먹으면서도 말이 없다. 이보다 두 배는 더 길게 해설로만 꽉 찬 신이었는데, 해설이 없었다면 그 긴 시간 동안 시각장애인들은 매미 소리와 간혹 들리는 젓가락질 소리, 후루룩 소리로만 상황을 유추할 수 있었을 것이다. 심지어 구씨의 존재도 모른 채.

그렇다고 말이 없는 이유만으로 드라마가 어려웠다는 건 아니다. 창희가 구씨의 롤스로이스를 몰고 다니던 걸 아버지에게 들킨 날, 제사를 끝내고 다 같이 저녁 먹는 자리에서 아버지의 불호령이 떨어진다. 억울하고 서운한 창희도 감정을 삼키지 못하고 터트리는데 외부인인 구씨가 오자 모두들 입을 닫는다. 그리고 말없이 묵묵히 밥을 먹는 식구들. 하지만 행동과 표정들이 다 제각각이었고, 그 숨 막히고 싸늘한 분위기를 감지해 내는 구씨의 눈동자도 바쁘게 움직였다. 정말 이렇게 밥상 앞에 모여 연기 파티를 하는 장면들이 수두룩했다.

다만 시간이 한정적이라 중요한 포인트만 전달해야 할 때가 많았다. 그럴 때 우리는 누구보다 안타깝다. 풍부한 해설을 해주고 싶은데, 하나하나 드러나 있는 모든 것들을 다 전해주고 싶은데, 그러지 못할 때의 아쉬움은 이루 말할 수가 없다. 또, 무엇보다 복잡한 심리를 담아낸 배우들의 멋진 연기를 명료한 문장으로 소화한다는 게 쉽지 않았다. 미정과 구씨는 참 쓸쓸한 연인이었다. 내면에 웅크리고 있는 상처와 짙은 외로움이 두 사람 주위를 늘 너울댔다. 너무나 당연하게도 쓰는 나는 괴로웠고.

(두 사람 뒷모습) 구씨와 미정이 스산한 바람 속에

나란히 서서 풍경을 바라본다.

(미정) 캄캄한 어둠 속에서 공허하고 서글픈

두 사람의 눈빛만 소리 없이 반짝이고 있다.

(풀샷에서 다시 미정) 미정은 문득 몸에 한기가 드는 듯

어깨를 움츠리며 제 팔뚝을 쓸어내린다.

(구씨) 그 모습을 보던 구씨가 한 팔을 뻗어

그녀의 어깨를 감싼다.

두 사람은 그런 상태로 다시

말없이 풍경을 응시한다.

미정이 서늘한 기운에 문득 겁이 난 얼굴로

무성한 억새밭을 돌아보자

구씨가 안심시키려는 듯 그녀의 등을 가만가만 쓸어준다.

(미정) 미정과 구씨가 서로를 바라본다.
그렇게 서로를 응시하고 있는 두 사람의 눈빛이
가늘게 떨려온다.
이윽고 두 사람은 서로에게 이끌리듯
그대로 입을 맞춘다.

문제의 드론샷 키스신이 있던 억새밭 장면이다. 이전에 두 사람은 구씨의 집에서 술을 마시고 나와 가로등을 깬 채 회색빛 풍경을 바라본 뒤 억새밭이 지천에 깔린 산에 오른다. 팬들이 베드신을 은유한 거라는 해석을 내놨을 정도로 이 신은 분위기가 남달랐다. 그래서 망치지는 말자는 생각으로 단어 하나하나 조심스럽게 선택했던 기억이 있다.

"요즘 무슨 드라마 작업하세요?"라는 누군가의 질문에 "〈나의 해방일지〉요."라고 답하니 "그 드라마 에너지 소모가 장난 아닐 것 같은데…."라는 답이 돌아왔다. 정답!

겉보기엔 무척 차분한 결의 드라마지만, 배우들의 담담한 연기와 드라마의 분위기에선 마음을 출렁이게 하는 지점들이 있었다. 나는 그 느낌과 분위기를 전달할 의무가 있었다. 무표정 그 깊이에 깔린 캐릭터의 내면을 살펴야 했다. 대사를 곱씹고, 그 캐릭터가 받았을 감정에 파고든다. 그래서 마감을 하고 나면 기가 쭉 빠져나간 것처럼 허탈해지곤 했다.

• • •

무엇보다도 가장 나를 괴롭힌 건 '잘 쓰고 싶다'는 욕심이었다. 팬들처럼 이 드라마에 구속돼버린 나는 이 작품을 어떻게 해야 잘 쓸 수 있을지 자나 깨나 걱정이었다. 그러나 돌아보면, 욕심이 꼭 좋은 결과를 내는 것만은 아닌 것 같다. 욕심을 내느라 과한 해설을 한 건 아닌지 지금도 돌아본다.

한편의 문학작품과도 같았던 드라마다 보니 분위기를 살리고 싶어 몸부림치던 내 해설은 후회로 고스란히 돌아왔다. 모니터링을 받은 작품도 아니어서 잘한 건지 잘못한 건지에 대한 판단도 쉽지 않다. 그래도 나는 진심을 믿는다. 무수히 마음을 흔드는 장면에 나 역시 마음을 눌러 담아 썼고, 그게 어느 정도는 닿았으리라고.

그런다고 후회가 사라지는 건 아니다. 되돌릴 수 있는 일이 아니란 것도 잘 안다. 어쩔 수 없이 이 후회를 통해 얻은 가르침은 다음 작품에서 실행해야 할 일이다. 이건 꼭 연애 같다. '언니네 이발관' 이석원 씨도 책에서 그러지 않았나. "연애란 이 사람한테 받은 걸 저 사람한테 주는 이어달리기와도 같은 것"이라고.

이번 작품에서의 실수를 다음 작품에서 만회해 보자고 다짐한다. 이번 작품에서 깨달은 내용들을 다음 작품에 녹여내 보겠다고 마음먹는다. 물론 연애고 인생이고 완성형이란 있을 수 없다 보니 다음 작품에선 또 다른 후회가 날 기다리고 있을 것임을 안다. 어쩌면 그런 후회마저 '환대해'야할지도 모르겠고.

10장

당신에게 덕수궁 석조전을 들려줄게요

임현아

몇 년 전, SC 제일은행에서 진행했던 '착한 도서관 프로젝트'의 일환으로 문화재를 설명하는 해설 원고를 썼던 적이 있다. '착한 도서관 프로젝트'는 시즌별로 여러 차례 진행됐는데 문화 사각지대에 놓인 시각장애인들을 위해 책, 문화재, 미술작품 등을 묘사하는 해설 콘텐츠를 개발하고, 일반인들의 목소리 재능 기부를 통해 오디오북을 제작해 기부하는 사회공헌 캠페인이었다. 그중에서도 문화재 해설은 서울시 문화유산 중 100점을 선정해 각 문화재의 역사적 배경, 비화, 형태를 생생하게 묘사하여 장애의 제약 없이 모든 사람들이 문화재를 경험하고 즐길 수 있게 하는 것이 목적이었던 프로젝트였다.

당시 내가 해설을 맡았던 문화재는 덕수궁 대한문, 덕수궁 석조전, 덕수궁 함녕전 등이었다. 시각장애인이 문화재의 규모, 재질, 생김새 등을 생생하게 알 수 있도록 원고를 써야 했기에 단순히 인터넷에 있는 자료들을 찾아서 이리저리 짜깁기만 해서는 안 될 일이었다. 늘 해왔던 '방송용 화면해설 원고'를 쓰는 일이 아니라 새로운 분야를 개척하는 일이었기 때문에 다른 작가님들과 회의도 여러 번 하고 내가 쓴 원고에 대한 감수도 받으면서 원고를 다듬어갔던 일들이 새록새록 떠오른다.

처음 하는 일이었기 때문일까. 의욕이 넘쳐서 해당 문화재를 직접 보러 덕수궁에 여러 차례 방문했다. 내가 맡은 문화재에 대한 생생한 정보를 얻기 위해서는 직접 가보는 게 제일 좋다고 생각했다. 맨 처음 일을 받고 답사 차원에서 갔을 때는 사진도 수십 장 찍어 왔다. 1차 원고를 쓰고 나서 수정하기 전 한 번 더 방문해 살펴봤고, 원고 내용에 대해 감수를 받은 뒤 원고를 최종 제출하기 전에도 혹시나 빠트리고 안 쓴 내용이 있는지 점검 차원에서 갔었다. 원고를 마감한 뒤에도 한동안은 버스를 타고 근처를 지나다 차창 밖에 덕수궁이 보이면 '내가 썼던 거다!'라며 혼자 뿌듯해하곤 했다.

• • •

덕수궁 석조전은 우리나라 최초의 서양식 건물로, 대한제국 황실의 처소 겸 집무실로 이용되었던 근대건축물이다. 일제강점기를 거치며 미술관, 회의장 등 여러 용도로 사용되면서 훼손되었다가 복원 공사를 마치고, 현재는 '석조전 대한제국 역사관'으로 쓰이고 있다.

덕수궁 석조전에 처음 방문했을 때 나는 마치 소풍 나온 어린아이처럼 엄청 신이 났었다. 구석구석까지 돌아다니며 열정적으로 사진을 찍고, 건물 규모를 알기 위해 대략 몇 걸음 정도 되는 거리인지 반복해서 오가며 재보고, 기둥은 몇 개인지, 기둥 두께는 얼마나 되는지, 계단 은 몇 개인지 알기 위해 몇 번이나 오르내리기를 반복했다.

나는 이 작업을 하면서 꼭 시각장애인이 아니더라도 누구든 내가 쓴 해설 원고를 듣고 머릿속에 석조전의 모습을 얼추 그려낼 수 있었으면 좋겠다고 생각했다. 내가 신나게 덕수궁 마당을 누비며 만져보고, 직접 눈으로 봤던 것들을 추체험할 수 있었으면 좋겠다, 하나라도 더 자세히, 정확하게 설명하고 싶어 이리저리 뛰어다녔던 내 노력이 조금이라도 도움이 되었으면 좋겠다, 그런 생각을 했었다.

그렇게 사전 준비를 마치고 원고를 쓰기 시작했다. 덕수궁 석조전에 대한 백과사전 정보를 활용해 "석조전은 17개의 돌계단 위에 화강암으로 지어진 3층 규모의 사각형 건물입니다. 석조전의 정면 길이는 54.2m, 폭은 31m, 높이는 17.5m에 달합니다."라고 쓰고 "석조전 정면 길이는 성인의 발걸음으로 대략 예순여덟 걸음에 해당합니다."라고 적었다. 이건 내가 직접 걸으면서 알게 된 내용이었다.

다음은 내가 당시 썼던 '석조전' 화면해설 원고 중 일부다. 독자분들께서도 글을 읽으면서 내가 '눈에 선하게' 묘사했던 이 건축물을 머릿속에 그려주시면 더할 나위 없겠다.

석조전 옥상의 중앙 부분에는 삼각형의 페디먼트가 장식되

어 있습니다. 페디먼트란 그리스 신전 건축물에서 볼 수 있는 장식으로, 건물 입구 위쪽과 지붕 사이에 생기는 삼각형의 벽을 의미합니다. 책을 펼쳐서 엎어 놓은 것 같은 형태인 페디먼트 중앙 부분에는 대한제국 황실을 상징하는 오얏꽃 무늬가 조각되어 있습니다. 페디먼트 좌우로는 화분을 형상화시켜 놓은 조형물이 각 6개씩 배치되어 있습니다.

화강암으로 건축한 석조전은 좌우 대칭 구조이며 전체적으로 밝은 회색을 띠고 있습니다. 석조전 정면에 있는 17개의 계단 위에 올라서면 두 아름 정도 되는 6개의 둥근 기둥이 있습니다. 기둥에는 올록볼록하게 요철이 나 있으며 기둥머리 부분에는 이오니아 건축양식의 특징인 소용돌이 문양이 장식되어 있습니다. 둥근 기둥 뒤쪽으로는 18개의 사각형 기둥이 있어서 석조전 건물을 받치고 있습니다. 사각형 기둥의 기둥머리 부분에도 소용돌이 문양이 장식되어 있습니다. 기둥과 기둥 사이는 난간으로 연결되어 있습니다. 기둥 뒤쪽으로 벽과 벽 사이마다 직사각형의 유리창이 나 있는데, 창틀은 검은색입니다. 창문의 높이는 성인 남성의 키 두 배쯤 되는데, 창문 위에는 석조전 상부에 있는 페디먼트와 같은 형태의 장식이 조각되어 있습니다. 회랑 부분의 출입문 좌우 벽면에는 고풍스러운 각기둥 모양의 전등이 달려 있습니다.

석조전 좌우 측면의 건축양식은 정면과 흡사한 모습이지만 전체적인 규모는 작습니다. 서쪽에는 현재 미술관으로 사용되는 별관과 연결된 다리가 있습니다. 석조전은 당시 세워진 서양식 건축물 가운데 가장 큰 건물로서, 설계와 시공 과정에서 영국, 러시아 일본인들이 참여해 다국적 건축가에 의해 탄생했습니다.

나는 문화재 해설 원고를 쓰면서 내가 본 내용을 가능한 한 빼놓지 않고 해설 원고 속에 다 담아내려 애썼다. 무엇보다 입체적인 대상을 시각장애인에게 어떻게 효과적으로 전달할지에 대한 고민을 많이 했던 것 같다.

시각장애인이 해설을 들으면서 내가 해설한 내용을 어떻게 상상할지 어떻게 느끼고 즐길지를 생각하는 건 작가로서 두렵고도 즐거운 일이다. 언제라도, 내가 묘사한 해설을 들은 시각장애인이 머릿속에 석조전의 모습을 생생하게 잘 떠올릴 수 있기를. 그래서 문화재를 향유하는 것을 큰 도전이라 여기지 않기를 바라본다. 혹시라도 덕수궁 석조전에 직접 찾아왔을 때, 조금이라도 친숙하게 느낄 수 있다면 내가 쓴 해설의 역할은 그걸로 충분하지 않을까.

11장

누군가는 볼 수 없는 '천만 관객' 흥행 영화

홍미정

어릴 때는 〈나이트메어〉나 〈13일의 금요일〉 같은 무서운 영화를 제법 봤던 것 같은데 30대를 넘어서면서부터는 어두운 지하실에 내려가는 것도 겁이 난다. 공포 영화나 호러 영화는 보지 않고 스릴러 영화도 가능하면 피한다. 호러는 아니지만 좀비 영화 〈부산행〉은 예고편을 보는 순간, '저 영화는 내가 볼 일이 없겠구나' 싶었다. 〈부산행〉은 천만 관객을 넘었다지만 나는 그 천만 명에 속하지 않았다.

이런 취향이 일상생활에서야 별문제가 없지만 이게 일이 되면 상황이 달라진다. 공포 영화라고 해서 매번 거절할 수는 없다. 영화 〈VIP〉의 화면해설 의뢰가 왔을 때는 정말 걱정스러웠다. 〈VIP〉는 개봉 초기부터 주인공 패거리의 엽기적인 연쇄살인 행각과 너무 자세한 살해 과정이 논란이 됐기 때문이다.

나쁜 놈들이 발가벗긴 소녀의 뺨을 때리고 얼굴에 술을 들이 붓는다. 광일이 피 묻은 수술 장갑을 집어들고 망치도 집어든다…. (아, 난 벌써부터 못 보겠다.) 소녀의 핏발 선 눈에 공포가 어린다. 나쁜 놈들이 소녀의 팔에 주사를 놓더니 광일에게 낚싯줄을 건넨다. 광일은 소녀의 목을 그 낚싯줄로 감은 다음, 있는 힘껏 잡아당긴다…. (으아~~~ 난 눈을 감아버린다.)

공포 영화를 못 보는 정도가 아니라 코미디 영화라 해도 피가 낭자한 장면 등은 건너뛰고 보는 사람인데 화면을 자세히 묘사하는 게 나의 일이니 안 볼 수도 없는 노릇. 이런 끔찍한 장면에 대한 화면해설을 쓸 때면 처음엔 실눈을 뜨고 겨우 보지만 결국엔 모니터에 바짝 달라붙어서 자세히 보기도 하고, 0.3배속으로 느리게 돌려서 구석구석 샅샅이 볼 수밖에 없다. 이런 공포스러운 상황은 어둠침침한 장소에서 벌어지는 경우가 많다 보니, 시체에 묻은 저것이 말라붙은 피인지 흙탕물이 튄 건지 다른 뭔가가 묻은 건지 알 수 없기 때문이다.

도무지 뭐가 뭔지 안 보여서 '시체니까 피가 묻은 거겠지.' 짐작하고 원고를 썼고 이미 제작까지 다 마쳤는데, 나중에 극장에 가서 큰 화면으로 보니 사건 해결의 단서가 되는 와인이 묻은 것이었다든지 하는 일이 발생한다면? 생각만 해도 아찔하다. 그런 오류를 범하지 않으려면 아무리 무서운 장면, 끔찍한 장면이라 해도 두 눈을 질끈 감고, 아니 두 눈을 부릅뜨고 보고 또 볼 수밖에 없다. 결국 영화 〈VIP〉에서 아까 그 장면은 이렇게 해설을 썼다.

옆에 선 수하가 광일에게 낚싯줄을 건네준다. 광일이 낚싯줄

의 한쪽 끝을 소녀의 목 아래로 집어넣어 한 바퀴 목을 감고 잡아당기기 시작한다.
광일이 손목에 힘줄이 불거질 정도로 낚싯줄을 잡아당기지만 표정은 그지없이 평온하다. 소녀의 목이 뒤로 꺾이며 핏줄이 터질 듯 부풀어 오른다.
광일의 고요한 눈빛과는 대조적으로 고통에 버둥거리며 허공을 응시하는 소녀의 눈은 시뻘겋게 실핏줄이 터져 있다.
팽팽하게 당겨진 낚싯줄이 소녀의 살을 파고든다.
광일의 하얀 얼굴에 붉은 핏방울이 튄다. 이를 악물고 더욱 힘을 주는 광일의 입가에 미소가 스친다.

이 장면의 잔인함을 어떻게 하면 생생하게 전달할 수 있을까, 내가 느끼는 이 소름끼침을 시각장애인 관객도 느낄 수 있게 하려면 어떻게 써야 할까. 채 1분도 되지 않는 이 장면의 해설을 쓰는 데 얼마나 많은 시간을 투여했는지 모른다.

• • •

이런 식으로 일반 영화에 시각장애인을 위한 화면해설을 추가하고, 청각장애인을 위한 자막까지 포함시킨 영화는 '가치봄 영화'라는 이름으로 장애인 관객을 만난다. 한국시각장애인연합회와 한국농아인협회에서는 영화진흥위원회 지원을 받아 특정 극장에서 매월 두세 차례에 걸쳐 가치봄 영화 상영회를 개최한다.

가치봄 영화는 특정일, 특정 시간에만 상영한다. 영화에 포함된 화면해설이나 자막이 비장애인 관객의 관람을 방해할 수 있다고 생각하기 때문이다. 상황이 이렇다 보니 시각장애인이 극장에서 화면해설이 있는 영화를 보려면 정해진 상영 일시에, 가치봄 영화 상영회를 하는 극장에 가야 한다.

TV 프로그램으로도 화면해설을 모니터링할 수 있지만 가능한 한 가치봄 영화 상영회에 많이 가봐야겠다고 생각했다. 다른 작가들은 어떤 식으로 화면해설을 썼는지 궁금하기도 하고, 내가 작업한 영화에 대한 시각장애인 관객의 반응을 현장에서 알고 싶어서였다.

처음엔 그저 떨렸다. 내가 쓴 화면해설에 대해 좋지 않은 이야기가 들리면 어쩌나 걱정했다. 그런데 가치봄 영화 상영회에 여러 번 참여해 보니 떨리는 마음과는 별개로 안타까운 마음이 커져갔다.

극장을 찾은 장애인 관객이 많지 않았기 때문이다. 물론 천만 관객을 동원한 인기 영화일 때는 빈자리를 찾기 어려운 경우도 있지만, 턱없이 적은 관객이 듬성듬성 앉아 있는 때도 있다. 관객이 많지 않은 것에는 여러 이유가 있을 것이다. 그다지 유명하지 않은 영화라서, 장애인들이 그 극장까지 찾아오기 어려워서, 영화 상영 시간을 맞추기 어려워서 등등. 여러 상황을 이해하지만, 화면해설작가들은 며칠 밤을 새워서 원고를 쓰는데 정작 극장을 찾은 시각장애인 관객이 얼마 되지 않을 때는 의구심이 생겨난다.

'우리가 쓴 화면해설이 정말 시각장애인에게 도움이 되는

걸까? 아니, 시각장애인이 가치봄 영화에 관심이 있기는 한 걸까?'

가치봄 영화 상영회에서 약간의 실망감을 안고 돌아온 다음 날, 시각장애인 한 분을 만났다. 만난 김에 하소연 아닌 하소연을 하고 말았다.

"저 이번에 진짜 열심히 썼거든요. 시체 나오고 무서운 장면 같은 거 잘 못 보는데 여러 번씩 보느라 힘들기도 했고, 원고 쓰는 시간도 진짜 오래 걸렸는데 어제 가치봄 영화 상영회에 가서 보니까 시각장애인 관객이 별로 없더라구요. 시각장애인에게 화면해설이 정말 도움이 되기는 하나요?"

"그럼요. 당연히 도움이 되죠."

"정말이죠?"

"제가 예전에 극장에서 〈암살〉을 본 적이 있거든요. 전지현이랑 이정재 나오는 유명한 영화 있잖아요. 천만 영화라고 하도 유명해서 저도 친구들이랑 같이 가서 봤는데 시작부터 무슨 얘긴지 모르겠는 거예요. 대사는 없고 총소리만 나더니 일본어로 뭐라고 뭐라고 하더라구요."

"맞아요. 〈암살〉이 일제강점기를 배경으로 한 영화인데 시작할 때 레스토랑이 폭파되고 일본 헌병하고 총싸움하고 막 그래요. 아! 대사도 일본어로 하는데 일반 영화는 그게 자막으로 나오지 더빙이 아니니까 알아들으실 수가 없었군요?"

"외국영화도 아니고 한국영화인데 그렇게 일본어로 대사를 할지 알았나요? 시작부터 누가 누구한테 총을 쏜 건지, 무슨 장면인지 이해가 안 됐는데 중간에도 그런 장면이 많잖아요. 천만 영화인데도 시각장애인들이 왜 안 보는지 그제야 알겠더라구요. 그랬는데 나중에 화면해설이 있는 영화로 다시 봤거든요. 이야~ 총싸움 장면도 어느 편이 이기고 있는지 알겠고, 일본어도 다 더빙이 되어 있으니까 처음에 볼 때 답답했던 게 한 번에 풀렸죠."

영화 〈암살〉은 염석진이 일본의 데라우치 총독을 암살하려고 레스토랑을 폭파하는 장면으로 시작된다. 염석진과 일본 헌병들의 총격전과 친일파 강인국이 총에 맞은 총독을 피신시키는 장면 등이 3분 이상 이어진다. 대사가 많은 영화나 드라마의 경우엔 화면해설이 없어도 내용 이해에 크게 지장이 없다. 하지만 영화 시작부터 3분 동안 총소리와 우당탕거리는 효과음만 있다면 시각장애인은 '도대체 지금 무슨 일이 벌어지는 걸까?' 하는 궁금증을 가질 수밖에 없다. 몇 마디 없는 대사가 외국어라면 그야말로 설상가상이다.

이 상황은 최근에 개봉한 영화 〈한산: 용의 출현〉에서도 마찬가지였다. 아니 더욱 심했다.

영화는 일본군 장수 와키자카가 도요토미 히데요시에게 보내는 편지로 시작된다. 당연히 일본어 대사다. 그리고 이순신의 구선(龜船)에 패배한 뒤 두려움에 떨고 있는 일본 패잔병들이 와키자카의 명에 따라 처형당하는 장면으로 이어진다. 여기도 물론 일본어 대사다. 다음은 전쟁 신이고, 그다음은 당시 조선군과 일본군의 상황을 설명하는 자막이다.

시각장애인 입장에서는 영화가 시작된 지 10여 분이 지나도록 무슨 상황인지 이해할 수 없는 장면이 이어지는 것이다. 이런 영화를 시각장애인이 감상하려면 화면해설은 반드시 필요하다.

개인적으로 선호하는 영화, 그렇지 않은 영화가 있을 수는 있으나 시각장애인에게 화면해설이 얼마나 중요한 것인지 알고 있는 입장에서 내 개인적 취향을 고수할 수는 없을 것이다. 자세한 화면해설 덕분에 답답함을 풀었다는 시각장애인의 '증언'을 들은 뒤로는 무서운 영화라 해도 피하지 않고 정면승부가 아닌 장면승부(?)를 통해 좀 더 꼼꼼한 해설을 하려고 노력하게 되었다.

• • •

그러던 중에 JTBC 예능 프로그램 〈유 퀴즈 온 더 블록〉에 범죄영상분석가 황민구 씨가 출연한 걸 보게 되었다.

황민구 제가 하는 일 자체가 영화를 보는 게 아니고 실화를 보는 거잖아요. 실제로 뭐 칼을 맞고 사람이 쓰러진다든지 영화하고는 완전히 달라요 실제 영상을 보시면.

조세호 그거는 뭐 어쩔 수 없이 봐야 하는 상황이니까….

황민구 반복적으로 프레임별로 수천 회 이상 봐야 하고….

유재석 아니면 다시, 그거를 또 확대를 하고….

황민구 그렇죠. 교통사고 났는데 차가 이제 아이를 치는 장면이 있으면 그것도 분석을 해야 되니까 그걸 계속

봐야 되잖아요.

조세호 **영화에서도 그런 장면 보면 사실 힘든데요.**

황민구 그렇죠 눈 이렇게 감는데, 피해자 입장에서 분석을 해야 하니까, 그것 때문에 열심히 보는 것뿐이고요.

유재석 '피해자의 억울함과 피해자의 어떤 이런 것들을 좀 푼다'라는 어떤, 이런 사명감이 없으면 그건 진짜 쉽지 않을 것 같아요.

피해자의 억울함을 밝히기 위해 영상을 분석하는 것과 시각장애인의 눈이 되어주기 위해 영상을 분석하는 것이 중요도와 강도의 차이는 있지만 황민구 씨의 인터뷰를 들으면서 '그래, 우리도 그렇다구!' 하면서 무릎을 쳤다.

실제 사건 현장을 수천 회 이상 봐야 하는 범죄영상분석가의 고충에는 미치지 못하겠지만 우리 역시 실제 사건 못지않은, 어떨 땐 실제 사건보다 훨씬 더 잔혹한 영상을 수십 번씩 보고, 느리게 보고, 확대해서 본다. 시각장애인의 입장에서 꼼꼼히 분석한 뒤 좀 더 정확하게 전달하기 위해 열심히 보고 쓰는 것뿐이다.

저 이야기 뒤에는 직업병이 있느냐는 질문이 이어졌다. 황민구 씨는 높은 곳에서 떨어지거나 맨홀에 빠지는 등 사람이 한순간에 사망하는 영상을 자주 보다 보니 고소공포증이 생겼다는 답변을 했다.

우리 화면해설작가들은 말로 형언하기 어려운 비경을 만났을 때 '아름답다'는 감정보다도 '이건 어떻게 해설해야 할까' 하는 생각을 먼저 하게 된다. 무엇이든 해설하려는 직업병이 있는 것이다. 심지어는 꿈속에서 벌어지는 일도 해설을 한다. 그 바람에 잠을 자고 일어났는데도 피곤한 경우가 왕왕 있다. 꿈속 장면까지도 해설해서 함께 보려고 하는 화면해설작가의 마음, 그분들은 아시려나 모르겠다. 우리의 일을 통해 미디어 접근성이 충족되어, 시각장애인도 '천만 관객' 흥행 영화를 어려움 없이 감상할 수 있었으면 하는 간절한 바람을.

4부

화면해설이란 일이 그토록 매혹적인 이유

1장

내가 꼭두새벽에 시청률을 확인하는 이유는

김은주

내가 화면해설을 맡은 드라마가 방송된 다음 날 아침이면 시청률을 확인한다. 아침 일곱 시 조금 넘으면 시청률 관련 기사들이 뜨니 전날 방송된 프로그램들의 시청률을 확인하는 게 어려운 일이 아니다. 방송사 관계자나 제작진도 아니고, 그렇다고 출연 배우도 아닌 내가 이렇게 이른 아침부터 시청률을 확인하는 건 화면해설을 하면서부터 생긴 버릇이다.

한창 작업 중이거나 아니면 자느라 눈도 제대로 뜨지 못할 시간임에도 시청률부터 찾아보는 이유는 몇 해 전까지만 해도 시청률이 떨어지거나 시청률이 잘 나오지 않는다는 이유로 편성에서 재방송이 빠지는 일이 잦았기 때문이다.

이 말인즉슨 화면해설 제작이 중단될 수도 있다는 건데, 화면해설의 경우 본방이 아니고 주로 재방송으로 편성되는 프로그램에 함께 송출된다. 문제는 본방 시청률이 낮으면 재방 편성이 안 되기도 하고, 그래서 화면해설 제작이 한두 회 빠지거나 아니면 아예 중단되기도 한다는 것이다.

전편을 마치고 종영된 드라마 중에서도 화면해설로는 이야기를 끝내지 못해 나에게는 영원히 미완으로 남은 드라마가 몇 편 있다. 화면해설 방송이 지나온 길을 되짚어보면 이런 일이 그리 특별한 사례도 아니고, 작가들에게 특별한 경험도 아니다.

일제강점기를 배경으로 독립투사들의 이야기를 그렸던 모 드라마의 경우 중간중간 화면해설을 빼먹은 회차들도 있었고, 또 마지막 회를 화면해설로 제작하지 않아서 이 드라마가 어떤 식으로 결말을 맺었는지 내 기억 속에는 없다. 목숨 걸고 일제에 투항하던 모습만 남아서 해방의 기쁨을 함께 누렸는지, 아니면 모두 장렬한 최후를 맞이했는지…. 등장인물들이 드라마에서 어떤 결말을 맺었는지 알지 못한다.

• • •

문제는 이게 비단 화면해설작가에게만 해당되는 이야기가 아니라는 점이다. 솔직히 화면해설작가들은 지금이라도 결말을 찾아보려면 얼마든지 찾아볼 수 있다. 하지만 이 드라마를 화면해설로 봤던 시각장애인들은 마지막 회가 화면해설로 제작되지 않았기 때문에 드라마의 결말을 영영 알 수가 없다.

그래서 시청률이 높지 않다는 이유로 화면해설 제작이 혹시 중단되지는 않을까 해서 시청률을 확인하고 또 확인하는 것이다. 또 한 가지는 시청률이 높다는 건 그만큼 보는 사람이 많다는 거고, 그런 프로그램의 경우 시각장애인분들도 관심을 가지실 테니, 기왕이면 관심 있는 프로그램들이 화면해설로 제작되면 더 좋지 않을까란 생각 때문이기도 하다.

이런 바람과 생각은 화면해설 작업을 하는 데 기분 좋은 동력이 되기도 한다. 현재 맡고 있는 SBS 금 · 토 드라마가 나에게는 그런 편인데 소위 말해 대박 난 드라마 〈펜트하우스 시즌 2, 3〉도 이 시간대였고, 시즌 2 제작이 확정된 〈모범택시〉를 비롯해 〈원더우먼〉, 〈악의 마음을 읽는 자들〉, 〈어게인 마이 라이프〉, 최근에 작업을 했던 〈왜 오수재인가〉까지 여러 작품들의 시청률이 꽤 잘 나온 편이었다. 그래서 주말을 고스란히 반납하고 작업을 해야 하는 일정임에도 으쌰으쌰 하면서 작업을 할 수 있었다.

요즘은 시청률이 떨어지거나 시청률이 잘 나오지 않는다는 이유로 재방송 편성이 빠지는 일은 거의 없어졌지만 그래도 여전히 아쉬운 부분이 많다.

무엇보다도 공급의 양이 턱걸이 수준이다. 화면해설 방송은 지금도 의무 편성 비율만을 맞추고 있는 게 현실이다. 제작 여건과 제작비 부담 때문이겠지만 화면해설 방송은 새벽 시간대, 오후 그리고 심야 시간대에 몰려 있다. 인기 프로그램을 제외하고는 재방송 위주로 화면해설 방송이 나가는데, 재방송이 이런 시간대에 편성되기 때문이다. 그뿐만 아니라 드라마는 연속적으로 봐야 이해하고 즐길 수 있음에도 1회는 화면해설을 하고 2회는 하지 않고 3회는 한다거나, 또 화면해설로 제작된 프로그램은 낮이나 심야에만 볼 수 있다거나 하는 식의 관행도 이어지고 있다.

예전에 주말 드라마의 경우 홀수 회차는 화면해설 제작을 하지 않고 짝수 회차만 화면해설 제작을 하는 경우도 있었는데 이건 화면해설을 쓰기도 난감하다. 드라마는 이어지는 이야기라, 화면해설로 제작하지 않은 회차의 이야기까지 설명해야 이해가 되기 때문에 화면해설이 아니라 줄거리를 요약해 줘야 하는 경우도 있고, 또 홀수 회차에서 진행된 이야기를 '어디까지 설명해 줘야 하나'를 두고 고민도 많이 했었다.

속으로는 '시각장애인들은 이 드라마를 보라는 거야, 말라는 거야'라고 씩씩거리면서 말이다.

• • •

우리나라 방송사업자는 사업자 유형에 따라 화면해설 방송을 연간 5~10%씩 편성해야 한다. 이 비율이 어느 정도 맞춰지는 11월 말이나 12월이 되면 맡고 있던 프로그램들이 하나둘씩 화면해설 제작을 중단했다가, 새해가 시작되면 다시 제작하기도 한다.

늘 마감에 쫓기다 보면 날짜 개념은 사라지고 요일만 머릿속에 있는 경우가 많은데 "작가님, 다음 주부터 제작 없대요."라는 연락을 받으면 벌써 연말이구나 싶어지기도 한다. 나에게는 '일이 좀 줄었네…." 하는 선에서 끝나는 일이지만 화면해설로 방송을 접하는 시각장애인들에게는 잘 보고 있던 프로그램들에서 강제로 하차해야 하는 일이라 답답할 수밖에 없는 부분이다.

다행히 지금은 중간에 화면해설 제작이 중단되거나 한두 회 빠지는 일은 거의 없다시피 하고, 또 화면해설 방송 재방송 비율도 축소되어서 예전보다는 시각장애인분들이 좀 더 다양한 화면해설 방송을 접할 수 있게 되었다. 또 재방송에서만 화면해설로 방영되던 드라마도 종종 본방송에서 화면해설이 제공되기도 하고 OTT에서도 화면해설이 제공되기도 한다.

그럼에도 시각장애인분들은 보고 싶은 방송을 제대로 보지 못하는 게 엄연한 현실이다. 내가 매일 꼭두새벽에 시청률 확인을 해도 좋고, 주말 작업이 이어져도 조금만 투정을 부릴 테니, 시각장애인분들도 보고 싶은 방송들을 끝날 때까지 고스란히 즐길 수 있었으면 좋겠다. 그리고 좀 더 많은 분들이 화면해설을 접했으면 하는 바람을 가져본다.

2장

밤을 새우는 건 정말 괴로울지라도

권성아

사람을 굳이 아침형과 저녁형으로 나눈다면 나는 저녁형 인간이 아닐까 싶다. 대학에 들어가서 가장 좋았던 게 바로 초·중·고등학교와는 달리 아침부터 부지런을 떨지 않아도 된다는 점이었다.

오후 강의만 있는 날 늦잠을 자고, 느긋하게 아침을 먹고, 천천히 학교에 가서, 늦게까지 디자인 과제물 작업을 하고 오면 그날은 그렇게 행복할 수 없었다. 아침엔 멍했던 정신도 오후가 되면 맑아지곤 했다. 그러다 어느 때는 너무 게으르게 사는 건가 자책감이 들어서 아침형 인간으로 살아보려는 시도도 해봤지만, 또 어느 때부터는 생긴 대로 살자 싶었다.

이렇게 저녁형 인간인 내게 화면해설작가는 딱 맞는 직업이다. 대부분 집에서 혼자 하는 일이라 정해진 시간에 출퇴근할 필요도 없고 내가 정한 시간대로 일하면 된다. 여느 직장인들처럼 아침 9시부터 일을 시작하는 작가들도 있겠지만 나는 대체로 한두 시쯤, 때때로는 아예 저녁 시간부터 정신을 차리고 일을 시작한다.

한번 일을 시작하면 밤을 새울 때도 잦다. 보통 60분 드라마 한 편을 작업하는 데 10시간 이상이 걸린다. 여기서 말하는 10시간 이상에는 원 대본을 보기 편하게 정리하는 것, 영상에 맞춰서 장면이나 대사를 전부 수정하는 것, 필요한 자료를 찾아두는 등의 사전 작업은 포함되지 않는다.

이런 사전 작업도 족히 10시간은 넘게 걸린다. 그래도 시간이 날 때 조금씩 조금씩 나눠서 할 수가 있다. 하지만 본격적으로 해설을 쓰기 시작하면 좀처럼 책상 앞에서 일어나지 못한다. 흐름이 깨지기 때문이다. 드라마에 푹 빠져서 쭉 써나가야 하는데, 이유가 뭐건 내 경우엔 흐름이 끊기게 되면 다시 마음을 잡고 쓰기가 어려워진다. 그래서 밤샘을 선호하는지도 모른다. 밤에는 누구에게도 방해받지 않고 집중해서 일을 할 수가 있으니까.

화장실을 가거나 물을 떠 오는 시간을 제외하고는 거의 일어나지 않는다. 내가 몇 시간째 앉아만 있었다는 걸 인식하지 못할 때도 있다. 아마 마감 시간이 가까워지고 있다는 생각을 나도 모르게 하고 있어서일 수도 있다.

• • •

어찌 됐건 이런 상황이다 보니 오전에 마감이 있는 날은 아침 열 시나 열한 시쯤 잠이 든다. 그러니 저녁형 인간을 넘어 지금은 '밤샘형 인간'이라고 불러야 할지도 모르겠다. 이렇게 10년을 살았다.

삶이 이런지라 시간에 쫓겨 운동할 틈을 좀체 내지 못한다. 꼼짝 않고 의자에 앉아 키보드만 두드리니 허리디스크, 목디스크, 손목 통증처럼 각종 관절에 병명이 따라붙는다. 밖에 못 나갈 것 같으면 스트레칭이라도 꾸준히 하자 싶어서 시간을 내보지만 일이 많아지면 며칠씩 건너뛰게 된다. 화면해설작가들 사이에서는 몸집을 보면 몇 년 차 작가인지 알아맞힐 수 있다는 우스갯소리가 있을 정도다.

작가들 단톡방에서는 오전에 마감을 끝내고 잠시 대화를 나누다가 마무리할 즈음 "저 이제 자러 가요", "꿀잠 자요"라는 인사를 낯설지 않게 주고받는다. 낮에 잠을 자기 위해 암막 커튼과 안대는 필수가 되었다.

그러다가 내가 뭐 하고 사는 건가 싶은 순간이 온다. 그러면 운동도 끊어보고, 다이어트 식단도 시도해 본다. 하지만 그것도 잠시. 마감 앞에서 모든 계획은 작심삼일이 되기 일쑤다. 오늘은 몸무게가 늘지 않았다는 것만으로도 위안을 삼게 된다.

남들 출근하는 아침에 잠이 들고, 남들 퇴근하는 시간에 일을 시작해 밤샘형 인간으로 살아가고, 거의 혼자 해야 하는 일이라 외로울 때도 있는데…. 그런데도 나는 왜 화면해설작가로 살고 있는 걸까? 눈은 늘 충혈되어 퀭하고, 피부는 푸석푸석한데다, 시시각각 다가오는 마감 시간 때문에 신경이 곤두설 대로 곤두선 날카로운 모습에, 지금이 밤인지 낮인지, 꽃이 피는지 낙엽

이 지는지 잊고 사는 생활에 지치기도 하면서 말이다.

• • •

그래도 나는 이 일이 좋다. 밤을 새울지언정 집중해서 화면해설을 써나가는 그 시간이 좋다. 완성되어 가는 문장들이 쌓이는 게 즐겁다. 그렇게 완성된 내 원고를 성우가 읽어주면 편집이 되어 결과물이 나오고, 방송이 되고, 시각장애인을 비롯해 화면해설 방송을 기다리는 모든 사람들이 공유하게 되는 그 순간이 행복하다.

며칠 전에도 이렇게 밤새형 인간으로 몇 날 며칠을 지새우면서 화면해설을 완성한 가치봄 영화 〈헤어질 결심〉을 보기 위해 종로에 있는 극장에 갔다. 극장 영화를 맡을 경우, 피치 못할 사정이 있을 때가 아니고는 가능하면 극장에 가서 완성된 작품을 직접 본다. 늘 떨리는 마음으로 극장까지 가곤 하는 것 같다. 혹시 잘못 쓴 장면이 있을까봐, 이름 틀린 곳이 있을까봐, 시각장애인분들이 만족스러운 관람을 하지 못하실까봐 영화가 상영되는 내내 조마조마한 심정으로 앉아 있게 된다.

그때 들려온 '아아~!!'라는 감탄사. 그 감탄사는 나를 행복하게 만든다. 궁금했던 장면이 화면해설로 해결될 때 나오는 감탄사이기 때문이다. 어쩌면 나는 그 '아아~!!' 한 마디를 듣기 위해 오늘도 괴로움을 마다하고 밤새형 인간으로 살고 있는지도 모르겠다.

3장

호기심과 '덕심'은 나의 힘

이진희

인터넷 포털사이트를 열었는데, 아래 광고에서 자꾸만 나에게 쟁기, 호미를 추천한다. 누가 보면 귀농을 준비하거나, 적어도 텃밭 가꾸기를 즐기는 사람인 줄 알겠다. 호미는커녕 모종삽 한번 써본 적이 없는데, 이게 웬일일까?

문제는 '검색'이다. 스피커 두어 번 검색했다고 남편에게 천만 원짜리 스피커를 보여줬다더니 요즘의 검색 시스템은 정말 똑똑하고 무섭다. 아마도 농기구 추천은 화면해설작가들에겐 흔한 일일 것이다. 돌아가면서 맡게 되는 장수 교양 프로그램에서 밭 가는 장면 한 번 안 만나봤을 리 없으니까. 작업을 하다 보면 가끔은 이런 검색이 지루하고 시간에 쫓길 땐 무척 괴로운데, 그래도 검색과 탐색은 꽤 흥미롭다. 아무래도 호기심이 많아서는 아닐까?

• • •

영화 〈사냥의 시간〉 작업 때는 총기를 접했다. 그 전에 다큐멘터리 프로그램을 할 때 총기 구조에 대해선 검색해 봤지만, 다양한 총에 대해서 알아본 건 처음이었다. 길면 장총, 짧으면 권총인 줄만 알았지, 산탄총에 리볼버라니…. 거기에 남자들에게 익숙한 M16과 작동 원리가 같다고 하는 M4 소총까지. 이제는 새로운 총기가 등장하는 게 아니라면 "소총의 탄창을 갈아 끼우고 견착한 채 목표물을 향해 조준한다." 같은 문장은 술술 쓸 수 있다.

한 작품을 할 때마다 그게 무엇이든 깊숙이 파고들어야 하니 우린 컴퓨터 앞에 앉아서도 새로운 세상을 많이 경험한다. 이번에 백상 신인상을 거머쥔 〈어른들은 몰라요〉의 이유미 배우는 극중 '롱보드'를 즐기는 소녀였다. 그러다 보니 롱보드 타는 장면이 종종 등장하고, 심지어 영화 초반엔 롱보더들의 멋진 모습들이 화면을 꽉 채웠다.

활용도를 떠나 롱보드를 익히기 위해 수많은 영상을 찾아봤다. 전문적인 프로그램이 아니라서 '롱보드 댄싱', '크로스 스텝', '카빙' 정도의 용어만 쓰고 사실상 동작 해설만 했다. 그래도 조금 익힌 뒤 영상을 접하면 덜 당황스럽고 조금 덜 헤맨다.

또 다른 보더는 롱보드 끝을 밟아 세워 빙글빙글 돌린다.

핫팬츠 차림의 여자 보더의 크로스 스텝

남자 보더의 거친 카빙과 이리저리 스텝을 밟는

롱보드 댄싱 기술이 이어진다.
이들은 파도를 타는 서퍼처럼 잘 닦인 광장을 유영한다.

다음 영화의 주인공은 여자 복서였다. 복싱에 대한 공부는 이미 〈D.P.〉 때 조금 해둔 적이 있었다. 사실 전문용어를 쓸 정도까진 아니었지만, 적어도 '잽'과 '훅'의 차이는 알아야 했다.

그런데 이 영화에선 주인공이 복싱체육관에서 일을 하다 복서가 된다. 손에 붕대처럼 감는 핸드랩, 위에 매달려 툭툭 빠르게 치는 훈련에 적합한 물방울 모양의 스피드볼(혹은 탭볼), 미트, 머리 보호대 정도는 익혀야 했다. 태권도 인물에 대한 다큐멘터리 영화 작업을 할 때는 정확한 용어를 쓰기 위해 품새 용어들을 또 공부했다.

TV 예능 프로그램 〈뭉쳐야 찬다〉를 했을 땐, 낯선 용어가 나오면 다양한 동영상과 설명이 담긴 자료들을 뒤져서 그 동작을 가장 쉽고, 짧게 풀어주었다. 이를테면 해설자가 "여기서 브이자 드래그 가고요."라고 하면 눈앞에서 동작이 펼쳐지고 있지만 더 확실하게 이해하기 위해 여러 동영상을 비교 대조해 이렇게 쓴다.

공을 브이 자로 당겼다 미는 방향전환 기술

다시 해설자가 말한다. "이거 보세요. 한 번. 궤적이 오우…. 오른쪽으로 치다가 왼쪽으로. 상대 골키퍼도 캐칭하기 어려울 정도로 지금 마구가 걸렸습니다."

용어에 대한 자막이 나오지만, 그에 덧붙여 해설을 해준다.

날아가다가 방향이 틀어진다. 무회전 걸리며 마구 탄생.

이 정도면 정말 잡학박사가 될 것만 같다. 화면해설작가들끼리 머리를 모으면 '지식은 얇지만, 아는 척하기 좋은 용어 전집' 따위의 책을 낼 수도 있을 것 같다. 하지만 간혹 다급해서 모르는 명칭을 작가들 채팅방에 올려 질문하면 이런 답이 돌아오곤 했다.

"아, 이거 나 해설한 적 있는데, 기억이 잘…."

고백하지만, 나도 마찬가지다.

• • •

우리 일은 어떤 장기적인 계획을 가지고 차근차근 해나가는 게 아니라 미션 수행 같을 때가 많다. 빠듯한 시간 안에 작업하는 것에 익숙해서 순간순간 몰두하고 다음 작업을 위해 머리를 비운다. 일부러 비우는 건 아니고 저절로 비워진다는 게 맞겠지만.

우리끼리는 투덜대기도 하고 이번 작업은 얼마나 짜증 났는지 토로하기도 하지만, 나를 비롯해 다른 작가들을 둘러봐도 우린 이 일을 참 좋아하는 게 틀림없다. '왜 이토록 열정적일까, 왜 이토록 좋아할까'에 대해 생각해본 적이 있다.

무엇보다 누군가에게 필요한 일을 한다는 점이 우릴 밤새 의

자에 붙들어두는 힘일 것이다. 하지만 그렇게만 이 일을 정리하기엔 좀 아쉽다. 진도가 안 나갈 때면 속 터질 만큼 답답하기도 하지만, 그럼에도 무엇보다 재미있다는 점이 내가 이 일을 하는 이유다.

영상을 분석하고, 문장을 만들기 위해 고심하는 그 순간들 자체가 즐거움이라면 이해할 수 있는 이들이 있을까? 그 문장이 소리가 되어 나갈 걸 상상하며 고생을 견딘다고 한다면? 이 모든 건 사실이다. 작업하는 것 자체의 즐거움과 더불어 내 즐거움으로 누군가를 즐겁게 해 줄 수 있다는 생각들이 나를 이끄는 동력이다.

그러다 보니 고생한 뒷이야기들을 몰라주더라도 한 문장을 위해 검색에 검색을 시도한다. 제작진과 배우의 의도를 파악하기 위해 영상을 뜯어볼 때는 덕후들 못지않다.

최근 드라마 〈빅마우스〉 작업을 할 때, 어디선가 만든 '덕심테스트'가 돌아다닌 적이 있었다. 8개의 문항이 적힌 비교적 단순한 테스트였지만, 드라마 팬들도 간혹 한두 개 틀리곤 했던 그 테스트를 난 순식간에 풀어내고 만점을 받았다. 당연하다. 드라마가 끝날 때까진 누구보다 세세하게 내용을 파악하고 기억해야 하는 게 화면해설작가니까. 우리는 제작진들은 모르는 제3의 제작자, 그리고 스포일러여서는 안 되는 제1의 시청자이자 팬이라고도 할 수 있겠다.

4장

쮸쮸바를 쮸쮸바라고 하지 못한다면

홍미정

마감 시한을 정해두고 하는 일은 대부분 비슷하겠지만 늘 시간에 쫓기며 원고를 쓰다 보니 마감에 몰릴 때는 잠자는 시간, 밥 먹는 시간을 포기하는 건 당연하고 정말 급할 때는 화장실 갈 시간까지도 아껴가며 원고를 쓴다. 그런데 그 와중에 휴대폰이 울린다.

"니네 동네 지나가는 길이라 전화했어."

"나 마감 두 시간밖에 안 남아서 엄청 바빠."

"밥은 먹고 하는 거야? 잠깐 나와서 밥 먹고 들어가."

"안 돼. 나갔다 들어갔다 할 시간 없어."

"그럼 뭐 사서 집으로 갈까?"

"안 돼. 나 세수도 못 했어. 오지 마. 바빠."

아이구야…. 밥 사준다는 천사가 찾아왔건만 세상 중요한 일은 혼자 다 하는 듯 매몰차게 전화를 끊는다.

그렇게 밥도 못 먹고, 화면 속 등장인물의 일거수일투족을 해설하느라 키보드 위를 달리던 손가락에 브레이크가 걸린다.

"아이 참, 왜 하필 저걸 먹어!"

청년 백수인 주인공이 추리닝 바지 속으로 손을 넣어 엉덩이를 북북 긁으며 슬리퍼를 끌고 동네 슈퍼로 간다. 슈퍼에서 뭔가를 사 들고 나와 평상에 앉아 먹기 시작한다. 주인공이 먹고 있는 것, 저것이 문제다. 저걸 뭐라고 해설해야 하나….

그가 먹고 있는 것은 '쮸쮸바'다.

• • •

방송 프로그램에서 특정 회사의 브랜드를 화면에 노출하거나 말로 언급하는 것은 심의에 위반되는 사항이다. 그래서 화면에서는 상표를 가리고 출연자들은 브랜드를 직접 언급하지 않는다. 공식 PPL 제품은 상표가 그대로 드러나게 놓아두기도 하지만 그래도 대놓고 브랜드를 언급하지는 않는다. 눈 가리고 아웅 같지만 인스타그램은 '인별그램'으로, 유튜브는 '너튜브', 네이버는 '초록색 창'이라고 부르는 건 바로 그런 이유다.

마찬가지로 화면해설 방송에서도 브랜드는 쓸 수 없다. '콜라'는 브랜드가 아니라 콜라나무 종자와 코카 잎을 주원료로 사용하여 만드는 청량음료를 가리키는 것이기 때문에 콜라라고 쓸 수 있지만 '환타'는 코카콜라 회사에서 판매하는 특정 제품명이기 때문에 쓸 수 없다. 역시 눈 가리고 아웅 같지만 '오렌지색 탄산음료' 혹은 '과일맛 청량음료'라고 써야 한다. 이때 인별그램, 너튜브처럼 다른 말로 바꿔도 그게 무엇인지 금방 알 수 있다면 다행이다. 하지만 적절히 대체할 단어가 없을 땐 정말 난감하다.

쮸쮸바 같은 경우가 딱 그렇다. 도대체 쮸쮸바를 뭐라고 해설해야 할까? 하드도 아니고, 아이스크림도 아니고, 콘도 아닌데…. 비닐 튜브 안에 들어 있으니까 튜브형 빙과? 짜 먹는 빙과? 짜 먹는 아이스크림? 얼음과자는 너무 옛말 같고….

그냥 쮸쮸바라고 해설하면 간단하고 누구나 알아들을 텐데 쮸쮸바를 쮸쮸바라고 부를 수 없다면 도대체 뭐라고 해야 그것이 쮸쮸바인지 알 수 있단 말인가. 청년 백수인 주인공이 월드콘도 부라보콘도 아닌 쮸쮸바를 먹는 것도 나름 의도한 연출일지 모르는데 쮸쮸바를 쮸쮸바라고 부르지 않으면서 그 의도를 살릴 방법이 무엇이란 말인가.

결국 검색에 들어간다. 쮸쮸바, 너의 정체는 무엇이냐?

"1975년 삼강산업에서 출시한 빙과. 롯데가 삼강을 인수함에 따라 롯데삼강을 거쳐 현재는 롯데푸드에서 만들고 있다. 비닐 튜브 안에 주스 등을 얼려서 빨아 먹는 형태로 업계에서는 펜슬형 빙과(펜슬바)라고 부르지만 이 제품의 히트로 대중들에게 이런 형태를 가진 빙과류의 대명사로 쓰인다."

으앗! 쮸쮸바의 정체는 '펜슬형 빙과'였다. 공식 명칭을 활용해서 화면해설을 써 본다.

헝클어진 머리에 무릎 나온 추리닝 바지, 맨발에 슬리퍼를 신은 성훈이 슈퍼 앞 평상에 앉아 펜슬형 빙과를 빨고 있다.

아…. 몇 번을 거듭 읽어봐도, 아무리 공식 명칭이라도 이건 너무 어색하다.

어쩔 수 없다. '빙과류 아이스크림을 빨고 있다' 정도로 내 안에서 타협을 본다.

• • •

브랜드 때문에 난감한 경우는 또 있다. 같은 영화라도 극장에서 상영할 때와 TV로 방영할 때 적용하는 심의 기준이 다르다. 극장 상영용일 때는 화면해설에 브랜드를 그대로 써도 되지만 TV에서 방영할 때는 쓸 수 없다.

영화 〈오! 문희〉에 마침 그런 장면이 있다. 〈오! 문희〉는 주인공 두원의 딸 보미가 뺑소니 사고를 당하고, 뺑소니 범인을 찾느라 벌어지는 소동을 담은 코미디 영화다. 주인공 '두원'이 딸 '보미'가 좋아하는 장난감 '요괴워치'를 사려고 대형 마트에 가는 장면이 있다. 장난감 코너에 대문짝만 한 요괴워치 광고판이 세워져 있고, 장난감 상자에도 요괴워치라는 제품명이 버젓이 쓰여 있다.

'요괴워치'는 단순한 장난감 시계가 아니라 당시 어린아이들 사이에서 가장 인기 있는 장난감이었기에 제품명 자체가 중요했다. 그러나 화면해설에서는 '요괴워치'라고 쓰지 못하고 '장난감 시계'라고 썼다. 심의는 지키라고 있는 것이므로 정확한 해설을 포기해야 했다.

영화 〈퍼펙트맨〉에서는 첫 장면에서부터 '벤츠'가 등장한다.

그 옆엔 '그랜저'가 있다. 잠시 후엔 주인공이 '포르쉐' 브로슈어를 보고 있다. 장면이 바뀌면 호텔 앞에 '롤스로이스'가 멈춰 선다. 10여 분이 지난 뒤엔 '페라리'가 나온다. 또 10여 분 뒤엔 '재규어'가 나온다. 그야말로 온갖 고급 승용차들의 향연이다.

이 영화는 극장 상영을 위한 화면해설이었기에 '원 안에 삼각별 모양의 엠블럼이 있는 고급 외제 차'라고 할 필요 없이 그냥 '벤츠'라고 해설했다. '자동차 보닛 위 방패 모양 안에 말 그림이 있는 엠블럼이 붙어 있다'라고 구구절절 설명하지 않고 그냥 '포르쉐'라고 했다. 하지만 이 영화가 설 특선이나 추석 특선으로 TV에서 방송된다면, 저 많은 자동차 브랜드를 일일이 바꿔서 해설해야 할 것이다.

영화 속에 외제 차가 한 대만 나온다면 그냥 '고급 외제 차'라고만 해도 될 일이지만 이 영화처럼 여러 종류가 나오는 경우엔 그럴 수 없으니 각각의 특징을 잡아서 해설해야 한다. '말이 앞발을 들고 있는 엠블럼이 있는 차'라고 해설을 해도 그게 '페라리'인지 모른다면 그 또한 곤란한 일이며, 이런 설명을 할 시간이 있으면 그나마 다행인데 네다섯 글자밖에 쓸 수 없다면 저런 설명조차 할 수 없다.

'시각장애인을 위한 화면해설에서 브랜드를 어떻게 표현해야 하는가'는 앞으로 논의해 볼 의미가 있는 사안이다. 비시각장애인은 굳이 브랜드를 콕 짚어서 언급하지 않아도 화면에 보이는 것만으로 짐작할 수 있다. 하지만 간접광고가 된다는 이유로 화면해설에서는 '외제 차', '명품 가방' 하는 식으로만 표현한다면 시각장애인은 그것이 무엇인지 끝내 알 수 없기 때문이다.

5장

'10분'이라는 시간에 관하여*

임현아

몇 년 전, 방송국의 프로그램 개편으로 인해 내가 맡았던 예능 프로그램의 본방송 방영 시간대와 방송 분량이 변경된 일이 있었다. 방영되는 시간대가 바뀌면서 화면해설 방송이 제작되는 요일과 시간 역시 변경되었고, 50분에서 60분으로 방송 분량이 늘어나 화면해설 원고를 쓰는 데도 더 많은 작업 시간이 필요하게 되었다.

당시 편성 변경으로 제작일이 바뀌었다는 것은 작업을 시작하기 전 미리 안내를 받아 알고 있었다. 하지만 방송 분량이 늘어난 사실은 해설 쓰는 작업을 시작하고 해당 회차의 화면해설 제작용 영상을 다운받고 나서야 알게 되었다. 순간 당황스러웠지만 어쩔 수 없는 일. '특집이라서 그 회차만 방송 분량이 늘어

* 영화 〈그와 내가 본 것〉 결말의 스포일러가 포함되어 있습니다.

났나 보다.' 단순하게 생각하고 해설 원고를 썼다. 그런데 원고를 마감하고 난 뒤 사정을 알아보니 아예 방송 분량이 60분으로 조정된 것이었다.

방송사 내부에서는 편성 변경 논의를 끝내고 미리 방송 계획도 잡아놨었을 텐데 화면해설 제작을 요청할 때 변동 사항에 대해 미리 언질을 주었다면 얼마나 좋았을까. 아마도 화면해설 제작 요청을 하는 담당자는 '방송 분량 10분밖에 안 늘었는데 뭐 어때.'라고 생각했을지도 모른다. 어쩌면 방송 분량이 변경된 사실을 알려야겠다는 인식조차 하지 못한 것일 수도 있다. 사소하게 넘길 수도 있는 일이지만 당장 화면해설 원고를 써야 하는 작가 입장에서 얼마나 당황스러웠는지 모른다.

적절한 비유인지는 모르겠지만, 회사에서 최근 반년 동안의 재고 현황을 조사하라는 지시가 내려와서 6개월 치만 작업하면 되는 줄 알고 있었는데 나중에 알고 봤더니 한 달 치를 더 해야 하는 상황이라면 이런 기분이지 않을까? 6개월 치에 맞게 서류 양식도 만들고, 어느 정도 시간이 걸리겠구나 예상도 하고 마음의 준비를 하고 있었는데 갑자기 일거리가 늘어났을 때의 직장인 기분이 나와 비슷할까? "어차피 하는 거 한 달 치 추가된 것쯤 그냥 하면 되지?"라고 상사가 말한다면 당혹스럽지 않을까?

• • •

방송 길이 10분이면 화면해설 원고를 작업하는 데 보통 한두 시간은 소요된다. 등장인물 간의 대화 위주의 장면이라 인물 소개 해설이나 간단한 설명을 간간이 넣는 정도라면 작업하는 데 오랜 시간이 걸리지 않을 수도 있다. 하지만 반대로 10분 내내 아무 말도 없고 영상을 보여주는 장면만 계속 이어진다면, 그래서 영상 속 빈 공간을 온전히 '화면해설'로 채워야 한다면, 영상의 난이도에 따라 어쩌면 한나절 내내 해설 쓰는 데 매달려야 할지도 모른다.

작가에게 주어진 작업 시간이 충분하다면 방송 길이에 이토록 민감하지 않겠지만 현실은 녹록하지 않다. TV 방송 프로그램에서 드라마의 분량은 대략 회당 70분 내외, 다큐멘터리는 50분~60분 정도, 예능 프로그램은 80분에서 100분 정도다. 프로그램에 따라 더 길 수도, 짧을 수도 있다.

원 대본과 영상이 주어진 시점부터 화면해설 원고를 마감하기까지 작가에게 주어진 작업 시간은 프로그램마다 천차만별이다. 저녁에 영상을 받아서 당장 밤샘 작업을 하고 다음 날 아침 9시에 제작이 들어가는 경우가 있는가 하면, 하루 정도의 작업 시간이 주어질 때도 있고 길게는 일주일 정도의 여유 시간이 확보될 때도 있다. 원고 작업 시간이 촉박하게 주어지는 경우, 방송 분량이 늘어나는 문제는 더욱 큰 압박으로 다가올 수밖에 없다.

작업 시간을 충분히 확보할 수 있느냐의 문제는 얼마나 완성도 있는 화면해설을 쓸 수 있느냐 하는 문제와도 직결된다. 화면해설작가는 주어진 시간 안에 (가능한 한 빠른 시간 안에) 영상의 내용을 적확하게 텍스트로 풀어낼 수 있어야 한다. 극단적으로 표현한다면, 영상에 담긴 각종 소리와 영상에 나오는 자막,

영상미 넘치는 장면 전체를 종합적으로 판단하여 '순간적으로' 조합해 내서 '장면과 딱 떨어지는 해설 문장'을 뚝딱 생성해 낼 수 있어야 한다.

하지만 현실적으로 해설이 '뚝딱뚝딱' 써지지는 않는다. 한 줄의 해설을 쓰기 위해 화면해설작가는 영상을 수없이 앞으로 돌려보고, 관련 자료들을 찾느라 인터넷 세상을 헤매고, 밥 먹는 시간, 잠자는 시간을 줄여가며 키보드를 두드린다. 기껏 썼던 해설 문장도 이리저리 조합해 보다가 지워버리고 다시 쓰는 일이 비일비재하다. 때로는 해설을 쓰는 시간보다 해설을 쓰기 위해 들어가는 준비 시간이 더 길 때도 있다.

그렇기에 작업 시간이 넉넉하게 주어지는 건 매우 중요하다. 그 시간이 있어야 자료를 한 줄이라도 더 찾아보고, 해설 문장을 한 번이라도 더 읽고 수정할 수 있다.

화면해설작가는 매번 새로운 영상과 맞닥뜨린다. 같은 이름의 프로그램이라 할지라도 회차에 따라 해설의 난이도나 해설량은 천차만별이다. 1분짜리 영상에 해설을 한 줄만 쓸 수도 있고, 대여섯 줄을 쓸 수도 있다. 이런 상황이니 10분짜리 영상이라면 그 안에 얼마나 많은 해설이 들어가겠는가.

• • •

누가 나에게 10분 분량의 화면해설에 얼마나 많은 정보가 담겨 있느냐고 물어본다면, '짧은 단편영화 한 편'이라고 말할 것이다.

전에 장애인 영화제에 출품된 단편영화 〈그와 내가 본 것〉이라는 작품의 화면해설 원고를 쓴 적이 있는데 9분 남짓한 분량에 대사가 하나도 없었다. 그 영화는 뇌병변장애인 가정의 이야기였다. 10대 소년인 아들은 안면 마비로 인해 식사 때마다 밥을 제대로 떠먹지 못하고 질질 흘리고, 걸을 때마다 위태롭게 휘청거리곤 했다.

어부인 아빠는 아들을 보며 괴로워하면서도 묵묵히 아들 곁을 지키는 부성애를 가진 인물이었다. 아빠가 바다로 떠난 날 밤에 비바람이 몰아치자, 남편이 걱정된 엄마마저 잠든 아들을 혼자 둔 채 집을 나서게 된다. 다음 날 아침, 부서진 배 파편과 침몰한 배의 잔해 등으로 참혹하게 변해버린 바다의 모습을 아들이 멍하니 바라보는 장면으로 영화는 끝이 났다.

나는 그때 한나절 내내 이 영화 해설 작업에 매달려 A4용지 여섯 장이 빽빽하도록 해설을 썼다. 영화 속에 들리는 소리라고는 TV 소리, 비 오는 소리, 천둥 치는 소리, 문 닫는 소리, 발걸음 소리뿐이어서 그 외에 모든 영상 정보는 오로지 '화면해설'로 표현해 내야 했다.

이 영화 안에는 수많은 이야기들이 담겨 있었다. 매운탕에 든 생선을 떠서 살만 발라내 먹기 좋게 잘라 아들에게 떠먹이는 부모가 있었고, 균형을 잡지 못해 끊임없이 비틀거리는 아들을 붙잡아주는 아버지가 있었고, 개에게 생선 대가리를 먹여주려는 아이가 있었다. 또, 찢어진 통발을 꿰매는 아빠 옆에서 낚싯바늘에 갯지렁이를 끼우려 애쓰는 아들이 있었고, 일 나가는 가장을 배웅하는 가족이 있었다. 험한 날씨에 돌아오지 않는 남편을 기다리는 아내가 있었고, 잠든 아들을 혼자 둔 채 집을 나선 엄마가 있었고, 끝끝내 배와 사람을 모두 삼켜버린 참혹한 바다를 바라보는 아이의 시선이 있었다. 10분이라는 시간은 단란했던 한 가족이 처참하게 무너져내리는 과정을 보여주기엔 충분한 시간이었다.

이처럼 10분은 결코 짧은 시간이 아니다. 그사이 화면해설 영상을 본 시각장애인 시청자가 눈물을 쏙 뺄 만큼 감동을 받을 수도 있고 혹은 해설된 내용 중에서 삶을 뒤흔들 정말 중요한 정보를 얻게 될 수도 있는 일이다. 그래서 나는 몇 분짜리 영상을 작업하든 원고를 마감하는 마지막 순간까지 완성도 있는 해설을 쓰기 위해 노력한다. 나에게는 해설을 쓰는 그 1분 1분이 너무나 소중하다.

6장

그 성우의 아름다운 목소리

김은주

혼자만의 착각일 수도 있겠지만 '좋은 게 좋다'라는 주의라 일을 할 때 딱히 까다로운 편은 아니라고 생각한다. 하지만 유독 까다롭다 못해 까탈스럽게 보일 정도로 민감하게 구는 부분이 있는데 그게 바로 성우 부분이다. 게으름과 가장 친한 사이라, 다른 작가님들처럼 단어장을 열심히 만들지도, 또 자료를 꼼꼼하게 정리해 놓는 편도 아니지만, 유일하게 시간 날 때마다 업데이트를 하는 게 성우 목록이다.

그동안 내가 작업하면서 좋았던 성우님, 또 이런 장르에는 이런 목소리, 저런 장르에는 저런 목소리, 또 이 성우의 특징은 '이런저런 점들'이라고 나만의 목록을 만들어 놓았다. 이 목록을 참고해서 새 작품을 맡게 되면 특정 성우님을 고집하기도 하고, 어떤 톤의 목소리는 이번 작품과는 맞지 않는다고 꽤나 까칠하게 굴기도 한다. '뭘 그렇게까지….'라고 할 수도 있을 텐데 이건 나의 부족함이 조금이라 채워졌으면 하는 희망과 화면해설이 좀 더 잘 전달됐으면 하는 바람에서 비롯된 것이다.

농구나 축구같이 스포츠 예능 프로그램을 아주 무거운 목소리나, 강약 조절 없이 일정한 톤을 유지하는 성우가 화면해설을 읽어준다면 영상에서 펼쳐지는 긴박함이 제대로 전달될 수 없고, 슬픈 내용의 드라마나 영화를 밝고 쾌활한 목소리의 성우가 해설해 주면 그 느낌을 고스란히 전달할 수가 없다. 그래서 프로그램의 성격과 특성에 가장 잘 맞을 것 같은 성우를 찾으려고 목록을 계속해서 채워나가고 있다. 매번 딱딱 맞아떨어지는 건 아니지만 그래도 내가 작업하면서 상상했던 그 목소리와 그 느낌으로 성우가 해설을 읽어준 작업물을 확인하면 쾌감이 느껴지기도 한다.

• • •

화면해설작가 모집 공고를 내서 수강생을 모집한 게 내가 속한 3기가 처음이었고 1기, 2기 작가들은 주위의 권유로 시작했거나 성우 지망생이었거나 낭독 봉사를 하다가 화면해설작가가 된 경우가 많았다고 한다. 그래서인지 선배 작가들 중에서는 정말 성우 못지않게 목소리가 좋은 분들이 많다.

여기서 목소리가 좋다는 건 말 그대로 목소리 자체가 듣기에 좋다는 의미만은 아니다. 음성 자체도 좋아야 하지만 의미를 정확하게 전달해 주는 게 무엇보다 중요하다. 그러니까 말이 귀에 쏙쏙 들어와야 한다.

화면해설 방송 초창기 때는 지금처럼 작가가 대본을 써서 전달하면 성우가 읽고 녹음하는 게 아니라, 작가가 원고도 쓰고 그 원고를 직접 읽기도 했다니 목소리와 호흡도 화면해설작가가 되는 데 큰 비중을 차지하지 않았나 싶다. 아마 모르긴 몰라도 만약 이 시스템이 계속됐다면 발음도 불분명하고 사투리가 진하게 남아 있는 나는 화면해설작가가 되지 못했을지도 모르겠다.

화면해설은 글을 잘 쓰는 것도 중요하지만 대사와 대사 사이, 소리와 소리 사이, 그 빈 공간에 딱 맞추어 해설을 넣어줘야 하기 때문에 길이를 맞추는 게 무엇보다 중요하다. 작가가 유려한 글솜씨를 뽐내고 싶어도, 또 모두가 이해하게끔 설명을 하고 싶어도, 화면해설은 시간적 제약 때문에 그럴 수가 없다. 들었을 때 바로 이해할 수 있는 쉬운 단어로, 제한된 시간 안에 넘치지 않게 해설을 쓰는 것! 이게 가장 중요한 점이다.

나 같은 경우는 마감 시간이 다가오거나, 해설해야 할 게 많다고 느껴지면 나도 모르게 마음이 급해지면서 해설의 양도 늘어나고, 길이를 맞추기 위해 그걸 소리 내 읽는 속도도 빨라지는 경우가 다반사다. 마음이 급하니 입에 따발총을 단 것처럼 휘리릭 해설을 읽어버리기 일쑤다. 이렇게 되면 성우가 화면해설을 읽었을 때 해설이 넘쳐서 대사를 침범하는 경우가 생길 수밖에 없다.

아무리 잘 쓴 해설도 대사를 덮어버리면 안 한 것만 못한 해설이 된다. 덮인 대사가 뭘까 궁금해하느라 화면해설이 머릿속에 들어오지 않을 수도 있고, 놓쳐버린 대사 때문에 전체 내용을 제대로 이해할 수 없어, 반쪽짜리 해설이 될 우려도 있다.

또 화면해설을 쓸 때 이런 감정으로, 이런 느낌이었으면 좋겠다 하고 그려가면서 쓰는데 그걸 내가 소리 내서 읽으면 그 느낌이 전혀 살지 않는다는 것도 문제다. 전쟁 신에서 참담함과 비장함을 설명해야 함에도 내가 소리 내 읽으면 성우가 읽을 때와 달리 그냥 아무 감흥을 느낄 수 없을 때가 많다. 화면해설에서는 같은 글도 어떤 느낌으로 읽어주느냐에 따라 너무 다르게 받아들여진다. 그래서 이럴 때면 늘 주문처럼 외치는 말이 있다.

"나는 개떡같이 써도 성우님이 찰떡같이 읽어주기를…."

• • •

성우의 좋은 목소리로 개떡 같은 글에 생명력을 불어넣어 주십사 하는 바람인데, 내가 쓴 글을 성우의 목소리로 들을 때마다 감탄사를 연발하는 이유이기도 하다. 내가 글을 잘 썼다는 게 아니라 글을 쓰면서 머릿속으로 상상했던 그 느낌을 그대로 전달해 주는 성우들 덕분에 말이다.

영화는 처음부터 끝까지 다 본 다음에 성우를 요청하지만, 드라마는 대본과 예고편만 본 상태에서 성우를 선택하기 때문에 가끔은 예상치 못하게 흘러가는 전개로 인해 살짝 난감해지는 경우도 있다. 예를 들어 코믹일 거라고 생각했는데 슬픈 내용이거나, 장르물일 거라 생각했는데 로맨스인 경우도 있어 성우의 톤을 잘못 선택하기도 한다. 그렇지만 대체로 성우들이 목소리만으로 전해주는 감정들은 정말이지 내가 개떡같이 쓴 글을 찰떡같이 읽어주셔서 더욱 빛나게 해준다.

일의 특성상 꽤 오랫동안 함께 작업했지만 사실 성우들을 직간접적으로 만나는 일도, 얼굴을 아는 분도 거의 없다. 하지만 화면해설작가들은 매일같이 글로 성우들에게 말을 걸고, 성우들은 목소리로 답을 해준다. 그 대화가 화면해설을 위해 오래토록 이어지기를 바라며, 나는 오늘도 소망한다.

"나는 개떡같이 써도 성우님이 찰떡같이 읽어주기를…."

7장

홍어의 X에 관하여

홍미정

"시인이 젓가락을 집어 들고, 마지못해 홍어 좆을 먹는다."

'좆', 이런 거 써도 되나…?

"시인이 젓가락을 집어 들고, 마지못해 누런색의 물컹물컹한 걸 먹는다."

안 된다. 이렇게 긴 해설은 들어갈 수 없다. 게다가 무슨 색인지, 어떻게 생겼는지 잘 보이지도 않는데 내 맘대로 색과 질감을 쓸 순 없다.

"시인이 젓가락을 집어 들고, 마지못해 홍어 성기를 먹는다."

홍어 성기가 뭐야, 홍어 성기가…. 에이, 진짜…. 뭐라고 쓰지…?

• • •

화면해설작가들에게 '독립영화'는 애증의 프로그램이다. 상업자본에 휘둘리지 않고 창작자의 의도대로 만든다는 점에서는 독립영화를 응원하지만 창작자의 의도가 너무 과해서 도대체 저 장면이 뭘 의미하는 건지 파악하기 어려울 경우, 화면해설을 쓰기가 쉽지 않기 때문이다. 독립영화 〈시인의 사랑〉의 화면해설 의뢰가 들어왔을 때 반가움과 망설임이 교차했지만 결국 쓰기로 했다.

다행히 화면해설을 쓰기에 어려운 장면이 많지는 않은 영화였다. 아니, 복잡한 장면들이 좀 있긴 했지만 그런 장면들마다 주인공의 내레이션이 있어서 굳이 화면해설을 쓸 필요가 없었다. 화면해설작가 입장에서는 땡큐다. 비교적 순조롭게 작업해 나가던 중 암초를 만났다.

영화 속 시인의 아내는 아이를 간절하게 원하지만 정작 시인은 아이를 갖는 것에 관심이 없다. 어쩌다 보니 시인은 무정자증이라고 소문이 나기에 이르고, 횟집을 하는 친구는 시인에게 접시에 담긴 뭔가를 내민다. 시인이 뭐냐고 묻자 무조건 먹으라고 한다. 친구는 결혼했으면 아이를 낳아야 한다며 홍어도 하는 노력을 너도 하라고 한다. 시인은 도살장에 끌려가는 표정으로 그것을 먹는다.

친구가 내민 것은 홍어 좆(대사에서 이렇게 표현한다)이었다.

화면 그대로 해설하자면 "시인이 홍어 좆을 먹는다"라고 써야 한다. 그러나 폭언, 욕설, 비속어 등을 사용하는 것은 심의 기준에 어긋난다. 그렇다면 홍어 좆을 뭐라고 해설해야 할 것인가. 이렇게도 써보고 저렇게도 써봤지만 마땅치 않다.

이런 난감한 순간에 도움을 청할 곳은 화면해설작가들의 단체 채팅방이다.

나 저기요…. 혹시 '홍어 좆을 먹는다' 이런 해설 써도 되나요?

A 작가가 쓸 수야 있겠지만 그렇게 써도 방송에 안 나가요. 묵음으로 처리돼요. '좆' 같은 단어는 방송 불가예요.

나 그렇지만 그걸 생물학적인 용어로 바꾸자니 상황과 영 안 어울리는데요?

B 홍어 생식기를 먹는다? 이상하긴 한데…. 좆을 우째….

C 홍어 특수 부위를 먹는다?

나 오, 그런 표현도 있군요.

D 그렇게 하면 특수 부위가 어디일지 궁금할 것 같은데요.

다른 작가들의 의견을 참고해서 고심 끝에 문장을 완성해 본다.

시인이 젓가락을 집어 들고, 마지못해 홍어 생식기를 먹는다.

아…. '홍어 좆'과 '홍어 생식기'가 주는 느낌은 천양지차다. 홍어 좆이라고 했을 땐 2세 잉태를 응원하는 스태미나 식품 같았는데, 홍어 생식기라고 하니 어쩐지 개구리 해부하던 중학교 생물 시간이 떠오른다. 나의 어휘력 부족을 탓해야 할 것인가.

• • •

이런 난감한 상황은 〈동물의 세계〉, 〈동물의 왕국〉 등 동물 다큐멘터리를 쓸 때 속출한다,

한번은 그날의 소제목이 '동물들의 짝짓기'였다. 첫 번째 주인공은 타조였다. 수컷 타조가 암컷 타조의 등 위에 올라탄다. 두 번째 주인공은 얼룩말이었다. 얼룩말 수컷이 암컷에게 다가가 엉덩이 쪽에 머리를 들이민다. 다음은 캥거루, 다음다음은 거미, 그다음은 도요새, 마지막으로 소를 닮은 토피까지 나와서 짝짓기를 했다.

사람의 경우에 대입하자면 19금스러운 장면이 여러 번 등장했고 특정 부위가 화면에 나오기도 했지만 그 동작들을 적나라하게 해설하지는 못했다. 그러나 그렇다고 해서 '사랑을 나눈다'라는 식의 두루뭉술한 문장을 화면해설에 쓸 수는 없는 일이다. 구체적인 부위를 언급하지 않으면서도 타조가 짝짓기하는 동작이라는 것을 알 수 있게 해설하느라 고심했다.

암컷과 몸을 포갠 수컷이 머리를 좌우로 흔들고
양쪽 날개를 흔들어댄다.
수컷의 아래쪽에 있는 암컷은 목을 길게 빼고,
수컷의 움직임에 맞춰 함께 몸을 흔들어댄다.

수컷은 좀 전에 바닥에 무릎을 꿇고 날개를 흔들어댈 때처럼 계속해서 몸을 흔들어댄다.
잠시 뒤, 수컷이 암컷에게서 몸을 일으키고 걸음을 옮긴다.

얼마 전에는 아이슬란드에 대한 다큐멘터리의 화면해설을 썼는데 '성기박물관'을 찾아가는 내용이 있었다. 박물관 안의 천지 사방이 남성의 성기였다!!! 어떻게 화면해설을 했을지는 상상에 맡긴다.

한편, 일본 재판부에 당당히 맞선 위안부 할머니들의 이야기를 다룬 영화 〈허스토리〉의 화면해설을 쓸 때는 어렵고도 가슴 아픈 장면이 있었다. 위안부 박 할머니가 온천장에서 옷을 벗는데, 할머니의 배에 일본군이 새겨 놓은 '죠센삐'라는 문신이 드러나고, '조선보지'라는 한글 자막이 뜬다. 관객으로서 이 영화를 볼 때 '헉!' 했던 장면이다.

이 영화 역시 극장 상영용은 화면에 보이는 그대로 "조선보지라는 문신이다."라고 화면해설을 썼지만 TV에서 방영할 때는 "조선창녀라는 문신이다."로 수정했다. '보지'라는 비속어를 방송에서 쓸 수 없었기 때문이다. TV로 이 영화를 감상한 시각장애인은 그 장면을 눈으로 본 비시각장애인이나 극장에서 감상한 시각장애인에 비해 이 장면으로 인한 충격이 덜했으리라는 생각이 든다.

• • •

방송에서 써도 되는 폭언, 욕설, 비속어의 기준이 무엇인지 정확히는 모르겠으나 EBS는 "이 녀석아"라고 하는 것은 괜찮지만 "이 새끼야"는 안 된다고 하는 말을 들은 적이 있다. 상식적인 기준에서 이건 안 될 것 같다 싶은 단어는 방송이 안 된다고 생각하면 대부분 맞는다. 공영방송인 KBS는 심의가 더 엄격한 편이다. 그렇기 때문에 대부분의 프로그램은 제작할 때부터 방송 불가 욕설이나 비속어를 쓰지 않는다.

문제는 영화다. 예를 들어 19금 영화를 TV에서 방송할 때는 일정 부분을 삭제하기도 하고, 특정 단어를 묵음으로 처리하기도 한다. 여기서 시각장애인과 비장애인이 받아들이는 정보에 차이가 발생한다. 초반에 언급한 영화 〈시인의 사랑〉의 '홍어 좆 장면' 같은 경우, TV에서 방영할 때는 등장인물의 대사 중 '좆'을 "홍어 O"으로 묵음 처리를 했다.

앞서서 시각장애인을 위한 화면해설에서만큼은 '간접광고라는 이유로 특정 브랜드를 언급하면 안 된다는 규정'에 대해 논의가 필요하다고 했는데 이 문제 역시 같은 맥락이 아닐까 싶다.

대사에서 정확히 언급하지 않는다 해도 화면에 보이는 게 있으니 비시각장애인은 어떤 상황인지 이해하는 데 별문제가 없다. 하지만 시각장애인은 "홍어 특수 부위"라든지 "홍어 거시기" 등으로 해설하면 그게 무엇인지 알기 어렵다.

인간은 미성년에서 성년으로 성장하는 과정에서 많은 것을 배운다. 그것들을 꼭 학교에서만 배우는 것은 아니다. 가정에서, 사회에서, 또래 관계에서 그리고 특히 미디어를 통해 많은 것을 배운다. 그런데 시각장애가 있다는 이유로 정보접근성에 제한이 생긴다면 이것은 일종의 차별이 아닐 수 없다. 시각장애인은 시각적인 정보에 제한을 받는다는 점을 감안해서 화면해설 방송에서만큼은 방송 심의 기준을 완화해야 하는 게 아닐까.

8장

좋은 콘텐츠는 넷플릭스에만 있는 건 아닐 테니

김은주

요즘 좋으면서도 안타깝고, 또 아쉽기도 한 게 넷플릭스 음성해설이다. 넷플릭스는 화면해설이라고 하지 않고 음성해설이라고 하는데 음성해설 혹은 화면해설을 사람들에게 가장 단기간에 알린 게 넷플릭스지 않을까 싶다.

OTT, 특히 넷플릭스 이용자가 많아지면서 넷플릭스에서 제공하고 있는 음성해설을 접하는 분들이 늘어나고 있다. 그러면서 이 좋은 서비스를 넷플릭스만이 한다고 치켜세우거나, 넷플릭스만 제공하고 있는 서비스로 알고 있는 경우가 꽤 있는 것 같다.

알고 보면 우리나라의 화면해설 방송 역사는 꽤 오래되었다. 2001년부터 화면해설 방송 서비스를 제공했는데, 장애인의 날을 맞이해 KBS의 〈일요스페셜〉과 MBC의 〈전원일기〉를 시험방송한 것부터가 시작이었다.

이후 화면해설 서비스는 2005년 3월 텔레비전 방송에서 전격 실시되었고, 2010년 5월 〈장애인차별금지법 시행령〉 및 2011년 7월 방송법 일부 개정으로 방송사업자의 장애인 방송이 의무화되었다. 그에 따라 모든 지상파방송사는 2013년 7월부터, 방송통신위원회가 지정하는 유료방송사업자는 2014년 1월부터 장애인 방송을 전면 실시하게 되었다.

그럼에도 지상파는 대부분 재방송에만 화면해설이 제공되고, 또 '다시 보기' 서비스를 통해 화면해설을 볼 수 있는 경우도 드물다. OTT처럼 원하는 시간에 마음대로 볼 수 없다 보니, 화면해설이라는 게 있다는 걸 모르는 경우도 많다.

공급이 부족하다는 문제점도 있다. 의무 비율만을 중요하게 생각해서일까. 다양한 프로그램을 지원하지 않고, 한번 화면해설 방송을 놓치면 다시 볼 수 있는 방법도 거의 없다. 왜 공들여서 만들어 놓고 활용은 하지 않는 걸까 싶어 아쉬운 게 사실이다. "돈 주고 살 테니 좀 팔아주세요."라고 하는 이들도 있지만 현실에서는 돈을 주고도 살 수 없다.

• • •

그래서 음성해설을 원하는 시청자들은 좋아하는 드라마나 프로그램이 넷플릭스 오리지널이거나, 넷플릭스에 들어가면 좋겠다는 의견을 내놓기도 한다. 넷플릭스는 미국 본사 지침에 따른 것일 텐데 미국은 자막 방송과 함께 화면해설 방송이 법률로 채택되어 의무조항으로 효력을 갖고 있다.

미국의 경우 자막 방송, 화면해설 방송이 장애인 방송 서비스의 대표적인 서비스로 1996년 통신법에 처음 언급되었고 2000년에 법률로 채택되었다. 이후 권고사항으로만 유지되다가 2010년 10월 다시 의무조항으로 효력을 갖게 되었다. 그렇기 때문에 넷플릭스 역시 청각장애인을 위한 폐쇄자막과 함께 시각장애인을 위한 음성해설까지 제공한다.

나도 넷플릭스 음성해설 작업을 해봤지만 넷플릭스 오리지널 프로그램인 경우, 공개할 때 전 회차 음성해설을 함께 제공하고 있다. 모든 회차에 음성해설이 제공되고, 지상파와 케이블을 통해 방송되는 프로그램이 동시에 넷플릭스에 방영될 때 역시 다소 시간 차는 있어도 음성해설이 제공되고 있다.

이렇게 음성해설에 대한 접근성도 용이하다 보니 이용하는 분들이 많아질 수밖에 없을 거란 생각이 든다. 다만 이미 화면해설로 제작된 프로그램이라면 그 해설이 함께 제공되어도 좋지 않을까 싶은데, 지상파나 케이블에서 종영된 후 넷플릭스를 통해 방영되는 경우에는 음성해설이 제공되지 않아서 이 점은 조금 아쉽다.

넷플릭스와 달리 왓챠, 웨이브, 티빙 같은 국내 OTT 플랫폼은 화면해설을 제공하지 않고 있다. 비용 문제도 그렇고 현실적으로 어려움이 있겠지만 웨이브는 지상파에서, 그리고 티빙은 tvN에서 이미 제작한 화면해설을 제공하는 건 안 되는 걸까 싶은 생각이 들기도 한다.

• • •

반가운 소식도 있다. 2021년 10월 방송통신위원회에서 '소외계층을 위한 미디어포용 종합계획'을 발표했다. 폐쇄자막과 화면해설, 수어 등 시청각장애인을 위한 방송을 기존의 실시간 방송뿐만 아니라 VOD, OTT 등에서도 의무적으로 제공하는 방안이 추진된다고 한다. 오는 2025년까지 3단계에 걸쳐 추진될 예정이라고 하는데, 이를 통해 장애인 방송과 관련 콘텐츠에 대한 여건과 인식이 좀 더 나아지고 장애인의 접근성 이슈를 모두의 문제로 인식했으면 하는 바람을 가져본다.

이 책에서도 줄곧 강조되었던 바, 화면해설은 꼭 시각장애인만을 위한 것은 아니다. 여러 이유로 방송을 즐기기 힘든 사회적 약자들에게는 물론이고, 새로운 방식으로 콘텐츠를 감상하려는 사람들에게도 조금씩 더 알려지며 사랑받고 있다. 앞으로 더 많은 사람들이 화면해설 방송을 보는 기분 좋은 상상을 해본다. 함께 감동하고 같이 웃을 수 있다면, 화면해설작가들은 책상 앞에 앉아 있는 시간이 길어지다 못해 책상과 한 몸이 되어야 한대도, 밤샘 작업이 이어져도 조금은 더 즐거운 마음으로 작업할 수 있을 테다.

9장

바닷가에서의 <동행>

임현아

화면해설작가가 되고 나서 몇 년 지나지 않았을 때의 일이다. 나는 그 주에 제작할 화면해설 방송 원고를 마감하고 가족들과 함께 바닷가에서 휴가를 보내고 있었다. 화면해설작가는 특별히 '휴가'라는 게 없기 때문에 원고를 쓰지 않는 날짜에 맞춰 '스스로 알아서' 휴가를 가야 한다.

그때는 정말 큰맘 먹고 여행길에 나섰던 참이었다. 가정 형편상 발달장애가 있는 동생을 데리고 멀리 여행하기도 힘든 데다 나도 화면해설작가로 완전히 자리를 잡기 전이어서 벼르고 별러 떠난 여행이었다. 어떤 변수가 생길지 몰라 조마조마한 마음도 있었지만, 강원도에서 탁 트인 바다를 보고 있자니 스트레스가 확 풀리는 듯했다.

늦은 오후, 해변에서 한참 동생과 모래 놀이를 하고 있는데 화면해설 방송 제작 일정을 담당하는 직원에게서 전화가 왔다.

"작가님, 갑자기 일정이 잡혀서 〈동행〉 한 편 이번 주에 추가 제작하게 되었는데 지금 영상과 대본 보내준대요. 내일 오후 한 시 제작이구요. 작업 가능하신가요?"

순간 머릿속이 하얘지고 아무런 생각이 들지 않았다. 내가 계속 맡아온 프로그램이니 일을 하긴 해야 하는데…. 지금 사정을 설명하고 못 하겠다고 양해를 구해야 하나 어쩌나 순간적으로 오만 가지 생각이 다 들었다. 나는 고민 끝에 결국 알겠다고 하고 전화를 끊었다. 내가 고정으로 작업해온 작품이기에 책임감이 앞섰던 걸까. 내 상황이 어떻든 간에 원고를 써야 한다는 생각부터 들었다. 다행스럽게도 노트북을 챙겨 왔기 때문에 일하는 데 문제는 없었다.

동생을 엄마 곁으로 데려다주고 객실로 돌아가려는데, 동생이 막무가내로 떼를 썼다. 내가 자기를 버리고 간다고 생각한 모양이었다. 한참을 실랑이한 끝에 동생을 달래고 겨우 돌아왔다. 그사이 웹하드에 화면해설 제작용 영상과 원 대본이 올라와 있었다. 집에서 내려받는 게 아니어서인지 영상과 대본을 받는데 평소보다 시간이 더 걸리긴 했지만 무사히 일할 준비를 마칠 수 있었다. 나는 모니터 한쪽에 영상을 작은 화면으로 틀어 놓고 원 대본 파일을 열었다. 그렇게 객실 창밖에 펼쳐진 바다를 바라보며 화면해설 작업을 시작했다.

• • •

〈동행〉은 어렵게 살아가는 사람들의 사연을 소개하고 그들에게 어떤 도움을 주었는지, 그래서 그들의 삶이 어떻게 바뀌었는지를 보여주는 휴먼 다큐멘터리다. 대본을 정리하며 내용을 살펴보니 이혼 후 어린 두 아이와 연로한 부모님을 모시고 사는 싱글맘 이야기였다. 병원에 입원한 아버지의 치료비를 마련하고 생활비를 벌기 위해 힘들게 일하는 주인공의 모습이 담겨 있었다.

그날 나는 밤새 리조트 방에 틀어박혀 노트북으로 원고를 썼다. 휴가지까지 와서 엄마에게 동생을 전적으로 맡겨 놓고 컴퓨터만 붙들고 있는 것이 미안했지만 어쩔 수 없었다. 나는 작업하는 데 시간이 오래 걸리는 편이라 '다음 날 오후 1시'라는 마감 시간은 내게는 매우 촉박하게 느껴졌다.

내가 한참 작업에 몰두하고 있는데 동생이 다짜고짜 방으로 쳐들어왔다. 동생은 막무가내로 노트북과 이어폰을 빼앗아 가려고 했다. 실랑이를 벌이는 동안 점점 흘러가는 시간 때문에 속이 까맣게 타들어 갔다. 게다가 컴퓨터를 망가뜨리지는 않을지, 버튼이라도 잘못 눌러서 기껏 써놓은 원고가 날아갈까봐 얼마나 가슴을 졸였는지….

한참 만에야 동생을 겨우 달래서 방 밖으로 내보내고 다시 작업을 시작했다. 나는 간간이 들려오는 동생의 괴성을 백색소음 삼아 원고를 써나갔다. 힘든 상황 속에서도 꿋꿋하게 살아가는 〈동행〉의 주인공 모습에 감정이입이 되어서인지 해설이 생각보다 술술 써졌다.

여러 어려움이 있긴 했지만, 다음 날 무사히 마감을 할 수 있었다. 나는 메일로 화면해설 원고를 보내고 나서 침대에 널브러져 생각했다. '이번 주에 추가 작업하는 걸 미리 알았으면 휴가 안 왔을 텐데.' 그렇게 한바탕 난리가 지나간 뒤, 그다음 주에는 원래 예정되어 있던 〈동행〉 제작이 취소되어 주말 동안 휴가 아닌 휴가를 보내게 되었다.

내가 이런 웃지 못할 경험을 하게 된 건, 화면해설 제작 일정이 변동되는 경우가 종종 있기 때문이다. 원래 화면해설 방송 제작 일정은 방송사의 편성 일정에 맞춰 일주일 단위로 바뀐다. 그래서 월요일부터 금요일 사이에 각 프로그램별로 제작 일정에 맞춰 화면해설 원고를 써야 한다.

다음 주 일정은 대부분 그 전주에 확정되고 변동이 발생하면 그때그때 개인적으로 연락을 받는다. 원래 계획된 제작 일정대로 진행되는 경우가 대부분이지만 제작을 요청하는 방송사 사정에 따라 화면해설 방송 제작 일정도 변동될 수밖에 없다. 화면해설작가는 고정으로 맡은 프로그램이라 할지라도 방송사의 제작 상황에 따라 유동적으로 바뀌는 작업 일정을 감내해야 한다. 내가 갑작스러운 요청을 받고 휴가지에서 화면해설 원고를 썼던 것처럼 말이다.

변동이 생기면 내가 고정으로 맡은 작품이 아닌 다른 작품을 한시적으로 받게 될 수도 있고, 몇 주간 휴가 아닌 휴가를 보낼 수도 있다. 프로그램마다 다 상황이 다르기에 언제 어느 때 일정이 변동되었다고 연락이 올지 알 수는 없다. 그렇지만 아주 가끔 변동이 생기더라도 화면해설작가라면 의연하게 대처해야 한다. 나는 10년 차 작가가 된 지금도 마음의 준비는 항상 하고 있다.

작가 입장에서는 매주 꾸준히, 변동 없이, 고정된 요일과 고정된 시간에 고정해서 맡고 있는 프로그램의 화면해설 방송을 제작하는 게 제일 좋다. 그래야 계획을 세워 일도 하고 일상생활도 차질 없이 할 수 있을 테니 말이다.

하지만 내 의지와 상관없이 반복해서 벌어지는 일들에 언제부턴가 '그러려니' 하고 마음을 내려놓게 되었다. 차라리 그렇게 뜻밖에 생기는 비정기적인 휴식기가 있어서 미뤄두었던 집안일을 할 수도 있고, 동생을 돌볼 수도 있고, 재충전을 할 수 있는 시간적 여유가 생겨 좋은 점도 있다고 긍정적으로 생각하기로 했다.

다만 그런 변동이 있을 때마다 동생의 마음을 달래는 건 너무 힘든 일이었다. 동생은 날 보면 말끝마다 "놀자! 놀자!"를 외치곤 했다. 하지만 나는 동생이 원하는 대로 해줄 수 없었다. 나는 아직 화면해설작가로서 제대로 자리 잡지 못했다는 불안감을 늘 갖고 있었고, 동생보다는 제때 마감해야 하는 화면해설 원고를 작업하는 일이 먼저였다. 나는 휴가지에서조차 원고를 마감하고 난 뒤에야 혼자 심심해하고 있는 동생을 돌아볼 수 있었다.

• • •

그런데 휴가지에서 작업했던 〈동행〉 화면해설 작업은 나에게 가족과 일의 균형에 대해 생각해볼 계기를 제공해 주었다. 삶의 균형점, 일명 '워라밸'에 대해서 말이다. 사실 〈동행〉이라는 프로그램을 보면, 주인공이 힘든 환경 속에서도 하루하루 열심히 살아가는 이유는 결국 '가족' 때문이다. 가족과의 행복을 위해 아등바등 하루하루를 버텨내는 것이다.

나는 시각장애인을 위한 화면해설 원고를 쓰지만, 한편으로는 동생을 잘 돌보기 위해서 이 일을 선택한 것이기도 했다. 그런데 어느 순간 나는 "컴퓨터 하지 말고 나랑 놀자."라는 동생의 칭얼거림을 뒤로하고, 화면해설 원고를 쓰는 일에만 매몰되어 있었다. 나는 그날 화면해설 원고를 마감한 뒤 동생과 함께 해변에서 놀면서 앞으로 '어떤 화면해설작가가 될 것인지' 생각했다.

나는 화면해설작가로서 '시각장애인의 눈이 되어 그들이 보고자 하는 것, 알고 싶어 하는 것, 듣고자 하는 것을 내가 충실하게 해설해야지.' '단 한 줄을 해설하더라도 꼭 필요한 해설, 도움이 되는 해설을 써야지.' 하는 마음을 늘 가슴에 품고 살아왔다. 실제로 그런 해설을 잘 썼는지는 모르겠지만, 내가 가진 진심이 원고 속에 녹아들기를, 그래서 성우의 입을 통해 그 마음이 전달되기를 늘 바라왔던 것 같다. 그렇게 '이상적인' 화면해설작가가 되기 위해 나는 나 자신을 알게 모르게 몰아세우고 있었다.

그런데 〈동행〉은 내게 화면해설에 '올인'하지 않는 마음가짐을 알려주었다. 매 회차 맡은 바 원고를 쓸 때는 최선을 다하지만, 그렇게 최선을 다하는 이유는 밑바탕에 '가족'이 있기 때문이라는 것을 일깨워 주었던 것이다.

휴가지에서 화면해설 원고를 쓰며 바라봤던 노을로 물든 아름다운 바다 모습은 지금도 기억 속에 생생하게 남아 있다. 그때를 떠올릴 때마다 나는 화면해설작가로서의 내 위치와 한 가족의 일원으로서 내가 균형점에 잘 서 있는지를 곱씹어 보곤 한다.

앞으로도 놀아달라는 동생을 외면하고 화면해설 원고를 쓰느라 밤을 새우는 날들이 많이 있을 것이다. 반대로 동생을 돌보느라 화면해설 원고 작업을 많이 하지 못하는 날들이 이어질지도 모르겠다. 어떤 미래가 내 앞에 펼쳐질지는 모르지만, 나는 두 마리 토끼를 잡기 위해 오늘도 키보드를 두드리고 있다. '세상을 글로 들려준다'는 소명을 가슴속에 품고 해설을 쓰면서도 한편으론 '빨리 마무리하고 동생과 놀아줘야지.' 생각한다.

나는 화면해설작가다.

눈에 선하게

세상을 글로 그려내는 사람들, 화면해설작가

발행일 2022년 10월 12일 초판1쇄
2023년 1월 16일 초판2쇄
지은이 권성아, 김은주, 이진희, 임현아, 홍미정
편집 박성열, 정혜인
디자인 GLCM
인쇄 민언프린텍
제본 다온바인텍

발행인 박성열
발행처 도서출판 사이드웨이
출판등록 2017년 4월 4일 제406-2017-000041호
주소 서울특별시 영등포구 문래동2가 10-6, 3층
전화 031)935-4027 팩스 031)935-4028
이메일 sideway.books@gmail.com

ISBN 979-11-91998-11-5 03330